柯五一 传

瞿炜——著

民主与建设出版社
·北京·

© 民主与建设出版社，2018

图书在版编目（CIP）数据

溢香厅：柯五一传 / 瞿炜著. —— 北京：民主与建
设出版社，2018.12
ISBN 978-7-5139-2367-5

Ⅰ.①溢…　Ⅱ.①瞿…　Ⅲ.①柯五一—传记　Ⅳ.
①K825.38

中国版本图书馆 CIP 数据核字（2018）第 270799 号

溢香厅：柯五一传
YI XIANG TING: KE WU YI ZHUAN

出 版 人	李声笑
著 者	瞿 炜
责任编辑	王 颂
封面设计	刘红刚
出版发行	民主与建设出版社有限责任公司
电 话	（010）59417747　59419778
社 址	北京市海淀区西三环中路 10 号望海楼 E 座 7 层
邮 编	100142
印 刷	三河市兴国印务有限公司
版 次	2019 年 1 月第 1 版
印 次	2019 年 1 月第 1 次印刷
开 本	710 毫米 × 1000 毫米　1/16
印 张	13
字 数	163 千字
书 号	ISBN 978-7-5139-2367-5
定 价	58.00 元

注：如有印、装质量问题，请与出版社联系。

序 PREFACE

即刻历史（代序）

滔滔瓯江流去的全是时间，历史是时间和人。柯五一先生的经历不是万顷波涛上的一片黄叶，他是一个浪头，然而又和中国当代史、温州传奇史如此同流，如此相契。中国有三千多年的文明史，他是即刻留在历史长河上的一个闪亮的波光。

因此，值得书写。一个城市一个人，一段历史。小城很大，他是一个站着的人。

柯五一的父亲也是一个"历史人物"。莫名其妙。但的确傍着"历史"。他为儿子取的名"又好记，又特别"，可巧在二十世纪中间线——1950年；这一天又是世界性节日——五一。诞生了，开始人间故事。父亲的"历史"成了他的胎记。只上过3年学，10岁挣钱养自己。历史的变迁，在他身上留下印记和印证。这些，书中都有精彩的勾勒和描绘。他是最温州，又是最历史。

凡是真实的，就有价值和意义。

"人不是通过沉思自己，而是通过历史，才发现人是什么。"这是近代德国著名哲学家狄尔泰的话。他是"生活哲学"派的创始人，强调历史是每个人的生命体现。每个人的经历和经验书写了历史，又同时塑造了自己。正是柯五一他们在1978年后使偏僻小城（我在上世纪五十年代上大学时，北大竟然有不清楚温州在福建、江西还是浙江的中文系学子），成为改革开放的弄潮儿。国人称温州人敢为天下先。老子《道德经》言："我有三宝，持而保之。一曰慈，二曰俭，三曰不敢为天下先。"而且下了可怕的咒语："舍后且先，死矣！"我在进行《道德经》的相关讲座时，常有人问：温州人逆违老子了？我回答："温州人是为政策先，何谈天下。"温州人向往高质量的生活品质，是欲望取向，人性和自由的天性。实践证明温州人对了，逐渐为政策认可。柯五一他们始终是不安生的。他们在探索、尝试、作为。

"人之所以为人的特性就在于他的本性的丰富性、微妙性、多样性和全面性。"卡西尔在《人论》中这样写。卡西尔被誉为"当代哲学中最德高望重的人物，现今思想界最具百科全书知识的学者。"他是"文化哲学"的集大成者。中国地大人多，为什么远离政治中心的温州人能得风气之先？我在1995年调回温州时，当年流行的答案是温州穷，穷思变。我从大西北回来，那里还有8口之家盖一条被子，那里计算家庭财富的标志是家里有几条被子。他们怎么不为政策先？卡西尔的回答是文化，文化塑造的人。温州自古有经商传统，"其货纤靡，其人善贾。"然而，温州历史上鲜见大商人。钱钟书就讥永嘉学派"登山丘而小天下。"柯五一这一代不同了，这一代人不再小富则安，目光短浅心胸狭窄。他们有着走遍天下的气势，有着"生命是一种进攻"（怀海特）的气度，他们有着卡西尔的"丰富性、微妙性、多样性和全面性。"柯五一更具有公益精神。装睡的人是叫不醒的，爱出于内心的呼唤，灵魂的激情。出自信仰。

柯五一有他自己的信仰，是他道德上自我完善和事业上追求完美的驱动力。

我和柯五一早有神交。20多年前，不记得是我请或是别人请我，饭局设在人民东路的溢香厅。有人说溢香厅老板是八字桥人，我家1947年后就在八字桥。他们建议和他会一会。我说吃饭见老板干什么，要见见厨师。他们说这位老板特立独行，兴趣广泛，癖好体育运动，喜欢下围棋、游泳、跑步、打拳等，你是国家级运动员，你们有共同语言。我曾在八字桥老家跟细春老师学的少林功力拳。我说，好啊，人无癖不可交，有癖方有真情。但因故未见着。人到会心处，何必曾相识。这次他邀我写序，立即想起20多年始终未晤面，有点亲切。

匆匆几笔，尽一个缘分。

温州东方道德文化学会名誉会长

戈悟觉

2018年11月5日

目录 CONTENTS

"就叫五一吧。"有着扎实的古文功底、喜欢舞文弄墨的年轻的父亲柯志俊说，"又好记，又特别。"是的，对于父亲柯志俊来说，他一心想着的是，如何让这个小小的家庭过上安定幸福的生活，毕竟，这十多年来的战争，也给这座偏远的小城带来了诸多动荡。

谁也不曾想到，在温州的江心孤屿之上，还有一座祭祀文天祥的祠堂，一千年来，温州人不忘文天祥，因为温州不但"其人多贾"，更是"其民尚武"之地。少年柯五一除了喜欢在瓯江上逆水而游，还拜师学武。他说，那是二十世纪60年代的风尚，其实在我看来，这是千余年来温州的风尚。柯五一拜的师傅，名叫绍真老师，他是浙南著名拳师陈朗清的徒弟。那年，柯五一十五岁。他是在江心屿上的文信国公祠中认识了文天祥的，他由此懂得了什么是义人的路，他向往疏财仗义的英雄豪杰，他也希望自己能成为这样的人。

第**3**章　练武强身，独立于社会

　　柯五一决定，要独自去外面走走。他要离开温州，去看看外面的世界。父亲在的时候，他虽然有过这个念头，但古人说，父母在，不远游。何况，父亲又是拖着病体工作，他无论如何都放不下这颗孝心。他对父亲的爱，除了表现在更勤劳地代父出工之外，还有就是深深地埋藏起自己的其他愿望。他是父亲的另一条臂膀。

第**4**章　朋友遍天下

　　话说回来，这一次的旅行，算是柯五一的第一次游学经历吧。远行，对一个人的成长来说至关重要，古人说，行万里路，胜读万卷书。每一次的远行，都是一个学习的过程，它能拓展人的视野，拓宽人的思路，开阔人的胸怀。

第**5**章　丘比特的箭射中了他的心

　　爱情的青苗一旦发芽，就会像一根藤蔓一样迅速生长，它会在心里左冲右突，枝蔓横生，很快就会占据整个心房，并将笼罩整个身躯，甚至要长出身体之外，非要用言语表达出来。张丽华是一个喜欢安静的姑娘，她的性格中从来没有张扬，甚至对他的不安分的性格还颇有看法。她照例是无言地面对自己哥哥的朋友，以微笑，以沉默，以祥和。

柯五一由此总结出一条经验：商业口碑除了自己兢兢业业脚踏实地来干以外，更需要朋友、客户的帮衬支持，这也是"和能生财"的道理。柯五一说，虽然他朋友众多，但无论遇到何事他总是和颜悦色解释沟通，有时宁可自己吃亏。吃得起亏也是福分。柯五一就是这样理解他的事业和人生的。

世界上总有对员工苛刻严厉的老板，也总有同情以待的老板。成功者，并不因此而成功，但对于员工来说，辞职后还能经常怀念那个曾经的老板，那个曾经劳动过的地方，成为一生美好回忆的地方，是值得我在这里写下来的。

但是不管怎样，柯五一的溢香厅团队还是相当出色的。单就厨师李峰为例，他的冰箱里，雌雄野生黄鱼，斤两、条数、月份，都分得清清楚楚。在1978年的黄鱼大量捕捞之后，野生黄鱼已经相当罕见，这时的价格已经变得相当昂贵了，成为酒桌上的奢侈品，胜过了从前富贵人家宴席上的鲥鱼。

第 **12** 章　再创辉煌

109

其实在老柯心中，一直保有温州味道的情怀，荸荠丸、鱼丸汤、猪头面……每一道菜怎么做怎么吃，他能兴高采烈地和你说够三天三夜。

也许是从他10岁那年靠卖小吃营生时就播下的一颗种子；

也许是在经营"阿�猪头面"受挫后的心有不甘；

也许是在历经大风大浪后内心寻得的归宿。

他梦想着一个叫"溢小馆"的朴素小店有一天能开出来，并通过连锁经营的方式散播到全球，让全世界的人都知道地地道道的温州美食。

附　录

119

第 **1** 章

拾柴火的小孩

"就叫五一吧。"有着扎实的古文功底、喜欢舞文弄墨的年轻的父亲柯志俊说，"又好记，又特别。"是的，对于父亲柯志俊来说，他一心想着的是，如何让这个小小的家庭过上安定幸福的生活，毕竟，这十多年来的战争，也给这座偏远的小城带来了诸多动荡。

1. 出生

　　温州城西有一座八字桥，交错于南北走向的信河与东西走向的百里坊河之上，状如八字，因而得名。此桥大约起于南宋，桥以石构，造型奇特。在桥之上，可通四方。左右环顾，但见河面上的荷花百里飘香，河水清且涟。从明清直到民国时期，这里成为人声鼎沸的热闹的街市，卖灯笼的、编簟席的、做灯盏糕的、打铁的、做圆木的，小商小贩都聚集在这里。桥下有一棵有着五百年树龄的大榕树，它巨大的浓荫遮蔽着两岸人家的青瓦屋顶，在夏日的午后，显得尤其幽静深远。

　　八字桥头有八仙楼，楼高八丈，上有瓦舍勾栏，教坊歌乐，宴会延集。诸姬贵人，簪珥光采。自古以来，这里便是人头攒动，商贸繁盛之处。到了现代，这里依旧是藏龙卧虎之地，名人辈出，前有马氏家族，书画传家三百年不绝；后有当代小说家林斤澜先生，亦出生于此。

　　那棵大榕树，见证了小城五百年历史的沧桑变迁，直到信河被填埋成了信河街，百里坊成了笔直的百里路。但信河沿岸的几十条小巷，还在。人们传说信河街有七十二条半小巷，但谁也没有仔细数过。

　　1950年5月1日，在八字桥头天雷巷的一户人家里又诞生了一个小婴儿，是个男孩。一家人挤在小屋里，为这个在国际劳动节中来到世界的新生命而庆祝。他们已经有一个儿子，比弟弟年长五岁的哥哥，正用好奇的眼光打量着这个小生命，只见他刚刚止了哭啼的小嘴巴像金鱼在回味着一种美味般呱着。

"他一定会很喜欢吃。"哥哥调皮地说。

天雷巷农贸市场　柯五一童年生活的地方
来源：《温州城市回眸》　孙守庄　摄

"我们该给他取个特别的名字。"此时，虚弱的母亲对这个新生的小儿寄予了内心最温柔的期望。因为这一天正值温州和平解放一周年，预示着一个崭新的充满新希望的大时代正在到来。

"就叫五一吧。"有着扎实的古文功底、喜欢舞文弄墨的年轻的父亲柯志俊说，"又好记，又特别。"是的，对于父亲柯志俊来说，他一心想着的是，如何让这个小小的家庭过上安定幸福的生活，毕竟，这十多年来的战争，也给这座偏远的小城带来了诸多动荡。

温州至今仍然只是一座小城，在三十多年的改革开放中，它看起来就像一座崭新的城市，似乎刚刚崛起于瓯江之畔，高楼大厦掩盖了所有陈旧的痕迹，混乱而毫无秩序，没有规划，却也不是自由发挥的那种，形象错乱，虽然布满现代化的建筑设施，但人们的意识却没有那么超前，仍处于顽固和保守的状态中。这是旧城改造的结果，正如柯五一童年曾经生活的天雷巷、高大埠，而这些地方早已消失在滚滚车轮中。可是，事实上，这座城有着1600多年的历史——说到历史，它甚至可以追溯到两千多年前的东瓯王国时代。公元323年（东晋太宁元年），温州开始筑城，是为永嘉郡。直到1949年之前，这里的人们基本上还一直坚守着设计者最初的理念，城市的规划并没有太多的改变。传说建城的时候有白鹿衔花穿城而过，人们遂将此城称为白鹿城。象征吉祥的白鹿，是它的保护之神，也是这座城市的图腾。这里，原是一片祥和的土地，也是野兽群聚的乐园。直到唐朝年间，这里的荒郊野外依然有猛虎出没，山鹰翱翔于城市的上空，山风伴着海啸，四顾苍莽。

而在此之前，当战国之末，越国勾践之孙邹瑶即在温州一带建东瓯国。但对于他的都城到底是在瓯江之南的温州古城，还是位于瓯江之北的台州一带，至今仍然争论不休。不管怎样，瓯江之南的温州古城，原是建筑在一片滩涂之上，周围山岭环绕，狭窄的平原从东海之滨延伸开来，如同残破的月亮。在这样的环境中生存的原住民，无非山民和渔民。对于他们的饮食，大约总是竹笋、山鸡以及各种海鲜。幸运的是，东海里的鱼类、贝壳，滋味鲜美，足以养育他们。城外，上百岛屿浮现在江海之上、薄雾之中，潮湿的空气带来丰富的降雨。《山海经》里说"瓯居海中"，指的就是这里。在夏代，这里即被称为"瓯"，三面环山一面临海，浩荡的瓯江从中穿过，在其西南、西北，皆崇山峻岭，森林密布。大山的阻隔，一面赋予其城以宁静与安全，一面也阻断了大陆文明的交流而导致闭塞与自负的个性，可是，大海与江流，又养育了它宽阔的胸襟和视野。农耕文化对这里的人们来说并不是最重要的，渔猎和贸易才是他们基因中就带来的。两千年来，这里走出的更多的是手工艺者、商人、僧侣以及叛逆的武士，他们似乎强烈地保留着瓯越人的古老传统。

府前桥（二十世纪30年代）
来源：《邵度老温州影像》 邵度 摄

矛盾而融合，分裂又统一，喜欢走极端却又理性温和，这是生活在这里的人们与生俱来的个性特征。我不止一次地听柯五一说，他喜欢极端的两极对比，喜欢将每一件事都做到极致。在他以后的岁月里，这种个性不断地重现，大概渊源即在这里。他出生的1950年5月1日，正好是在二十世纪的正中间，新中国成立的第一年，他出生在两个极端的分割线，也注定了他以后的不同寻常的命运。

2. 童年

托尔斯泰在《安娜·卡列尼娜》的开篇写道："幸福的家庭都是相似的，不幸的家庭各有各的不幸。"这话之所以如此打动人心，就是因为他洞见了人生的真谛。对于出生在温州小城中的柯五一来说，这话真是再正确不过了。在他出生的头三年，几乎也是所有相似的幸福家庭相似的生活情景吧，但很快，生活的小舟就触到了时代的暗礁，滔天的巨浪就要淹没这小小家庭里的欢声笑语了。

在柯五一的记忆里，他的父亲柯俊志身高1.80米，脸庞英俊，身材高硕，有过较高的学历，能文能武，是一个在任何时代都会受到追捧的那种人，一手漂亮的钢笔字，足球中锋队员，这些气质与头衔在1949年之前是叫人羡慕的。他是社会的精英，时代的先锋，柯五一相信，他的母亲之爱父亲，皆在于此。然后由于一些原因，母亲还是带着柯五一离开了父亲。

母亲带着柯五一离开后，柯五一被送进大阿婆家寄养。柯五一认为，母亲从小就对他进行了有意识的培养，因为这大阿婆家是城里为数不多的大户人家，家底殷实，住在八仙楼对面虹桥头的一座大宅院里，一日三餐颇多讲究。下午还有吃"接力"，往往是绿豆红枣一类，甜美温馨。这也给童年的柯五一留下了十分深刻的印象，也给了他一种教养。

一日三餐是常情，温州人一日却有五餐，更有六餐的，除了早中晚，还有"小接"与"接力"，以及宵夜。

一般情况下，"小接"是指早餐和午餐之间，大约上午九十点钟。"接力"则是下午三四点左右用。也有人将其写为"借力"，反正意思一样。

实际上，这种习俗的起源并非大户人家专有，而是劳动者的习惯。三十年前的温州城郊，阡陌纵横，洪殿一带还依旧是山水田园风光，田头仍有农夫耕作。上午下午，都会有家人做好"小接"与"接力"，送到田头。这也就是这两餐为何这么称呼的缘由。"小接"其实也是"接力"的意思，但因为上午的时间比较短一些，这一餐也就做得分量少一些，所以称小接，但往往也是精致可口的，一般都是薄皮馄饨或鸡蛋桂圆。温州是座小城，而周边的土地倒也肥沃，雨水丰沛，农业发达，此外手工业也很兴盛，工匠的手艺名闻遐迩。从前城里住的大多是小工商业者，也有富裕的地主，但无论城里城外，无论工匠农夫，这种在劳动中形成的"接力"习俗，一直沿袭着。

现在，人们已经很少这样称呼这两餐了，随着生活节奏变快，饮食习惯也发生了很大变化，这两餐也基本没有了。过去如果下午去人家那里做客，主人都会端出一碗点心，说是接力接力，但现在人们也很少去别人家里做客，有事没事就到咖啡馆或茶馆聚一聚，因此"接力"作为待客的礼仪，也就顺便消失了。

但大阿婆家的"接力"，柯五一从三岁吃到五岁，那香甜的滋味，似乎至今还留在他的口中，让他回味无穷。

大阿婆的家教是很严的，家风家规依旧延续着过去的传统，似乎没有丝毫改变。这也就是柯五一总是要强调的所谓教养，这种教养使他没有变成野蛮人。柯五一说，大阿婆家有一张八仙桌，平时用餐都是在这张桌上。有一天，家里来客人了，家人早早地准备好晚上的酒菜，都摆在八仙桌上。小小的柯五一也被这热闹的气氛感染着，跑进跑出，旧棉袄在晚霞中也发出金色的光。晚霞一直照进院子，明堂里的八仙桌上热气腾腾。柯五一见桌上摆了那么多好吃的，也忍不住跪到凳子上，将身子趴上桌面，伸手要抓一把花生，结果被大阿婆在他伸出的手上敲了一筷子，那样疼，让他至今记忆犹新。

"这就是规矩，大阿婆让我懂得了什么是规矩。"柯五一说。客人还没有上座，晚宴尚未开席，大人小孩都是不能乱吃桌上的东西的，那样就是没有教养。

入夜之后，大阿婆家的灯特别亮，小五一喜欢望着灯火中那静美的飞檐、高耸的窗户和墙壁上繁复的线条，这时他会特别想念母亲。

大阿婆家临着百里坊，两边是厢房，主楼是一栋古老而又漂亮的建筑物。它在很多方面都保持良好，它的主人运用中西结合的思路设计构建它，看起来

八字桥，柯五一童年成长的地方
来源：《温州城市回眸》 孙守庄 摄

却很和谐，很舒适，富贵而不奢华，青砖的墙面，罗马的柱子，中式的屋顶却是金丝楠木的梁，木质的构件上雕满了象征吉祥的鸟兽与戏曲人物。中间是宽敞的道坦，种了一些兰花、杜鹃和万年青。从道坦打开大门，跨过高高的门槛，大门前铺着漂亮的鹅卵石。小五一喜欢在那上面跳来跳去，或坐在那高高的门槛上，看着街上的行人来去匆匆的脚步。从1953年到1955年，在小五一的印象中每天都是晴朗的日子，那在鹅卵石上跳来跳去的时光理应让人心旷神怡。

3. 父亲家的日子

五岁，小五一被送回了父亲家。

五岁那年，母亲改嫁了。后来他有了一个同母异父的妹妹。但他和这个妹妹的相认，要等到二十年后了。自从他回到父亲身边，与哥哥、父亲相依为命的这将近二十年间，他没有再见过他的母亲。

他们一家父子三人，挤挤挨挨在天雷巷高大埠一间只有十平方米的屋子里，家徒四壁，生活境遇可想而知。

但不管怎样，天雷巷高大埠从此成为他梦绕魂牵的地方，因为，那里是他的家所在。

这条古老的巷弄，至少在南宋年间就已经存在。而高大埠则是面临瓯江的一个码头，虽然早已弃用，但名称依旧沿用了数百年之久。据笔者八十岁的父亲说，温州有好几处地方都叫高大埠，大约都因为是码头，石阶高大而得名。除了天雷巷，东门永宁巷也有一个高大埠。我们祖上即住在东门高大埠，那里有很多高大的深院大宅，都是原先从事码头生意的商人、海关职员等建造的中西结合式的建筑，中式的回廊、吊梁和木雕，西式的屋顶、檐角和窗饰。码头上堆积着瓯江上游运来的木材，海上运来的煤矿，以及茶叶、漆器、陶瓷、纸张等，报关行、钱庄沿着码头而立，税吏、警察，与码头上摩肩接踵的搬运工、轿夫、车夫一起，组成繁忙而热闹的街景，众皆行色匆匆的样子。瞿氏家族来自永嘉，多从事账房先生、海关报关、钱庄经理之类的职业。笔者曾祖父就居住在高大埠，据说半条巷子的屋子都是瞿宅，他从事报关行，从外国商人和本地商人间抽取佣金，又与钱庄老板联姻，一度富可敌国。可是1941年日寇炸毁了半条高大埠，从此瞿宅成为废墟，再也没有重建。家父在六十年后重返高大埠，他是连码头也找不到了，更不用说那里的深宅大院。而天雷巷则成了拥挤的菜市场，砖木结构的屋宇低矮，各种鱼腥味充斥着整条巷弄，烂菜叶和污水满地都是。

关于温州在抗日战争期间三次沦陷于日寇的历史，在有关的历史文献中是这样记载的：

2000年八字桥
来源：《温州城市回眸》 孙守庄 摄

1937年抗日战争爆发，北方的港口，如秦皇岛、青岛、烟台和南方的上海、厦门等地纷纷陷落，中国的对外贸易联系几近中断，而温州港作为几个尚未沦陷的港口之一，发挥着沟通沿海各港口和抗战大后方的桥头堡作用。再加上浙北沦陷，省政府南迁至金华、丽水等地，大大增强了温州港经济腹地的政治向心力和人口的聚集，凸显出温州港在特殊历史时期发挥着巨大的作用。

1938年，《孤岛周刊》发表《国防前线的温州》文章指出，"温州，这是一个幽静的古城，在浙省瓯江的南岸，东临大海，西有重山，气候的温和，山水的优美，物产的丰富，古色古香，真不愧为东方的瑞士。自全面抗战发动后，它站在国防最前线，地处水陆要冲，肩负了非常重大的使命。瓯江口外的黄大岙小岛，已被日舰盘踞，作为侵温的根据地。"

从1942年，日伪主办的《大东亚周刊》发表《浙江日军占领温州》所加的按语，使我们看到敌方对温州地理环境特点及在军事上的战略意义颇有研究："温州为浙江东南都市，俗称永嘉，与海外交通开始极早，是为沿岸航路中心，出入船舶云集。"事变"（指1937年7月7日卢沟桥事变）后，与宁波、海门、福州等皆为渝方（指西迁四川的国民党政府）之密输路据点。前年（指1940年）六月，其附近水域曾遭日海军封锁。复于客岁（指1941年）四月二十五日，被日军攻略，粉碎其军事设施后，乃行撤退。俟后渝暂编第三十师，又进入蠢动，复被日军占领，不独渝密输路据点为之破灭，实为第三战区之致命打击。盖渝第三战区之最后基地长沙，前日军虽攻三次，而未即占领者，良以浙赣路尚在渝军掌握，得以互相联络，更可藉温州等沿岸港口为其输血路之据点，因而残留于浙赣二省之渝军犹有活动余地，隐然为长沙之右翼，屡图蠢动牵制日军行动。"

从这段记载中可以看出，温州港口曾经的繁荣与桥头堡意义，在历史上是发挥过重要作用的。而天雷巷高大埠，就曾经是这样一个地方。

2000年八字桥
来源：《鹿城老街坊》画册

但在小五一生活的二十世纪50年代，这里的景象是清冷而宁静的。父亲的性格也渐渐地变了，变得刚强、倔强、沉默而慈祥。他没有怨天尤人，而是积极地生活下去。在小五一的记忆中，那时父亲十多天才能回家一次。小五一只好与哥哥相依为命。但是每当父亲回家的第一件事，就是带着兄弟俩去小酒店吃一餐，对于小五一来说，这不啻为节日一般的享受，"回味无穷。"六十八岁的阿一老师说出这句话的时候，目光深邃，仿佛穿过时光隧道，他正看着那个小小的自己在酒店里狼吞虎咽的模样。

有一次，他的父亲被押到离城几十公里外的藤桥劳动，说是修水库，数十天不曾回家。小五一实在太想念父亲了，他竟然独自一人走到码头，坐上一艘客船直奔藤桥。结果到了藤桥却被告知父亲不在，他又只好苦苦地坐车回家，可是他的口袋里一分钱也没有。说起这段往事，他早已忘了自己是怎么走回家的，但这段刻骨铭心的经历，一直在他的骨子里留下深深的烙印。

这期间，他们兄弟俩的生活，全靠了住在附近的三姑姑的照顾。父亲有三个姐妹，只有三姑姑住得最近，她常来小五一的家，给他们送点吃的用的。

1958年，小五一的爷爷柯茂旺去世了，终年八十四岁。出殡那天，家人不让小五一参加葬礼，因为怕他太小，不能承受死亡带来的恐惧。他看着亲人们披麻戴孝，白色的纸幡在风里摇晃，凄凉的哭声在空气中回荡，他只是成了一个小小的看客。

他的爷爷是一个木匠。

也是在这一年，柯五一的父亲成了八字酒店的会计，有了正式的工作后，生活稍稍有了一点改善。父亲能做一手好菜，他在当会计之余，也在厨房帮忙，他烧的菜，是柯五一永远留在舌尖的味道。

父亲是一个文化人，但经历了时代的变迁以后，他对社会的认识也产生了一些变化，对于柯五一读书上学的事，在他的眼里变得没那么重要了。但文化人骨子里还是保留着对传统的敬畏。比如，在父亲看来，再穷也不能拿别人的东西。这也是柯五一印象中父亲唯一一次对他的管教。

这一年，他已经是莲池小学的一年级学生了。

4. 青葱岁月

柯五一七岁上的学。他只上了三年的小学。他每天的学习时间，大部分是在码头边上的煤场，他要去拾柴。偷煤是有罪的，但从那些煤堆里拾掇一些烂木头回家，却是允许的。对于家徒四壁的柯五一家来说，每天的柴禾很重要，否则就无法烧饭。

在煤堆里滚来滚去，柯五一看起来就像一个黑人小孩。他的裤子短到了膝盖，哥哥留给他的衬衫显然太大了，一点也不合身，此时就像一件落满了煤灰的长袍，脚上解放鞋的鞋面都磨光了，但鞋底还很结实，跑起来飞快。人们可以看到一双小脚飞快地跳过水坑，越过码头的石阶，从一个煤堆到另一个煤堆，像个小精灵般一闪而过——人们没能看到那张幼稚的脸，因为他跑得飞快。但即便跑得飞快，也还是被吊车上的煤给压了一身。巨大的吊车根本没有看到煤堆边上那几个跑来跑去寻找着烂木头的小孩，它张开大嘴，向大地喷吐出一大堆的煤来，柯五一顿时被压在了煤堆里。他奋力挣扎着，幸好还有几个小伙伴在一起，他们尖叫着，一起手忙脚乱地将他拉了出来。在他七岁那年，他就看见了死神的模样，它向他靠近，如此悄无声息，深不可测。他触摸到了它的气息。

拾柴的孩子有好几个，和小五一比较要好的有两个，他至今还记得其中一个叫长荣，另一个却是个呆子。小五一从小就学会了精明，他与两人合议，大家一起拾柴，最后大家一起平分，这样就能拾到更多更好的柴。但呆子在这个时候却不呆了，他反而偷懒，拾得最少。于是小五一就想出了一个办法，叫"拔长头"，将好的比较长的柴集中在一起，分两堆，将另外一些短的碎的放一堆，这样看起来两堆少一堆多，呆子往往要拿那堆多的，他和长荣就分了两堆少的。现在想起来，柯五一觉得自己当年的这点小聪明有点不道德，他颇为内疚的是，呆子家肯定也是过得非常艰难，而他并没有公平对待每一个小伙伴。但作为一个小小少年，当年哪里又能设身处地想到这么多。在当年的小五一看来，这才是公平的。

红日亭　柯五一童年生活的地方
来源：《温州城市回眸》　孙守庄　摄

拾柴也要看天时地利的，有时候，特别是下雨、下雪，就很难拾到柴。所以平时小五一会多拾一点，然后埋在某个煤堆里，做上记号。这就像去银行里储蓄一样，到了下雨天，大伙儿都拾不到几根柴，而他就却能背一大堆回家，赚来父亲一个大大的夸奖。这也是他的一个小小的心机。

到了大热天，小五一就光着脚在煤场里跑来跑去拾柴，鞋子是舍不得穿了。有时煤场里拾不到柴，他就跳到滩涂上拾柴。瓯江上游森林密布，人们往往从上游运送木材，直接放到江上顺流而下，因此也常常会漂下一些散落的木头来，被冲到江边的滩涂上。小五一赤脚在滩涂上奔跑，不小心就划到了碎玻璃上，鲜血染红了那些黄黑的涂泥，泥中的小螃蟹蜂拥而至。但小五一却不管，他忍着疼痛将滩涂上的木柴拾起来，又飞奔着上岸去了。

六十年后，当柯五一与我说起这段往事的时候，我的眼前就浮现出英国诗人威廉·布莱克《天真与经验之歌》中那个扫烟囱的小男孩和小流浪者的形象，他满头满脸的烟灰，一双明亮的眼睛注视着伦敦的天空。诗中写道：

天使告诉汤姆，只要是好孩子，

就会有上帝做父亲，再不缺欢愉。

汤姆醒了；我们在黑暗中起身，

背着烟灰袋，拿起扫帚去干活，

早晨虽冷，汤姆却又暖和又愉快，

所以尽本分了，就不必怕受到伤害。

——《扫烟囱的孩子》，张炽恒译

上帝会像一位父亲，高高兴兴，

看到孩子们跟自己同样地幸福，

再不会跟那个魔王或酒桶争吵，

而是亲吻他，给他酒又给他衣服。

——《小流浪者》，张炽恒译

虽然小五一在一个学期中很少去上课，但他语文成绩却不错，因为他对语言文字很敏感，他的记性又特别好，听一遍就记住了。同时他还眼尖，会偷看，语文居然考了九十分。但是考数学时，监考老师对他旷课很有意见，不让他考，竟将他的书从教室里扔了出去。班主任林老师非常负责，他就去家访，看到柯五一家无米无柴，获悉他父亲经常不在家，而他还必须每天拾柴的原委，于是当场同意让小五一参加数学考试。由于大家都已经考过了，小五一就到林老师的办公室，关起门来考，结果竟然考及格了，这让小五一非常高兴。六十年后，他还记得林老师的那双慈祥的眼神，每当夜深，偶尔还会想起，心中便升起一团温暖。

如今，莲池小学早就没有了，那所小学只有在柯五一的脑海里存活着，那小小的操场，低矮的教室，走来走去的老师和衣着整洁的同学们。大家都是自己带着小木凳去上学。在所有的同学中，小五一的境遇大约是最糟糕的，他的家庭出身所导致的困窘的生活，带来了某种自卑的倾向，但同时也带给他很大的自由和对尊严的重视。

到了春天，温州大地特别的美丽，桃花开了是茶花，漫山遍野的杜鹃花，春风带着湿暖的空气，人们脱下棉袍，一切都显得喜气洋洋。每年的春天，学校里都会组织春游，同学们一起到郊外去，在那些风景秀丽、宁静美好的环境里，孩子们闹着笑着。小五一也在他们中间一起玩耍，他并没有觉得谁更高贵，谁是低贱的。同学们带去的干粮都是米饼，而小五一只有番薯饼，于是，小五一就和同学商量，他用三个番薯饼换他一个米饼。六十年后，他笑着对我说，虽然他没有米饼，但他照样有米饼吃。他说这话的时候，目光透着笑意，笑里藏着孩子般的天真与狡黠。

小五一在莲池小学上到三年级，学校搬去西郊煤场，离家太远，小五一干脆就辍学在家，帮助父亲打理生活，努力挣钱养活自己去了。温州西郊，在温州人的方言中往往叫"西角"，也就是城西的一角，那里码头林立，基本上都是以木材生意为主。西角与东门，都是沿着瓯江而遥相呼应。过去的人有言，西角外的人都是强悍而野蛮的。但东门的码头也是势力强大，1949年之前，两处的码头上都有班头领衔，经常火拼。而天雷巷刚好处在城墙的范围里，是西角外与内城的交接处，因此商贩云集，自古如此。

小五一学会了做青草豆腐。一个人摆着摊，在八字桥头。一天卖下来，也能挣几毛钱。这种青草豆腐制作简单，只要将青草放在水里煎出浓浓的汁液，在冷却后就冻成豆腐样，黄黄绿绿，晶莹可爱。再切成块状，撒点白糖，味道不错。小五一经常熬夜做青草豆腐，这样几天下来，也能攒点钱去买米。可是有了米，小五一却发现家里没有柴，他又跑去煤场拾柴。他清楚地记得那天大雨倾盆，他在家里烧好一锅饭，正要打出来吃，却一头栽倒在身旁的米缸里，晕倒了。这是因为他太饿太累了。

那是1960年的一天。小五一刚好十岁。

从那一天起，小五一就步入社会，开始学习怎样挣钱养活自己了。

小五一学会做各种生意，他没有本钱，只能动各种脑子，有什么就卖什么。他去菜市场捡球菜叶（包心菜，温州人习惯称之为球菜，形象又生动），拿回家剁碎，拌上淀粉，在油里炸成一个个小球，摆在菜市场门口，一天也能卖出很多。有个呆子，看着这些菜球垂涎欲滴，竟用手来抓，气得小五一跃然而起，一拳打在呆子的后背上。柯五一说，他这一辈子从没有打过人，这是唯一的一次。

荸荠出的时候，他就煮荸荠，用竹子穿起来，拿到永嘉戏院门口叫卖。永嘉戏院就在百里坊口，后来叫瓯江电影院，老温州人都记得那里。人们也许至今仍记得，在永嘉戏院的门口，曾经有一位十来岁的小小少年，衣衫褴褛，手里握着荸荠串叫卖着："荸荠、荸荠！"戏院的台阶上，人来人往，轻风拂过街面，卷动着街角的落叶和纸屑，黄昏的灯影里，飘过酱萝卜、咸鸭蛋和番薯粥的香味。挽着手的情侣、下了班的工人和戴着鸭舌帽的老人，在这少年的叫卖声中，没有几个停下脚步看一眼他红扑扑的脸。这样的场景，让人不由地想起十八世纪英国作家阿狄生笔下的"伦敦的叫卖声"。

第❷章
父亲的好帮手

　　谁也不曾想到，在温州的江心孤屿之上，还有一座祭祀文天祥的祠堂，一千年来，温州人不忘文天祥，因为温州不但"其人多贾"，更是"其民尚武"之地。少年柯五一除了喜欢在瓯江上逆水而游，还拜师学武。他说，那是二十世纪60年代的风尚，其实在我看来，这是千余年来温州的风尚。柯五一拜的师傅，名叫绍真老师，他是浙南著名拳师陈朗清的徒弟。那年，柯五一十五岁。他是在江心屿上的文信国公祠中认识了文天祥的，他由此懂得了什么是义人的路，他向往疏财仗义的英雄豪杰，他也希望自己能成为这样的人。

5. 小学时代

　　小五一上小学的时候，父亲在酒店工作，常常到半夜才下班。凡是做夜班的，一般都有夜餐吃。小五一有时半夜醒来，常发现哥哥不见了，好生奇怪。有一次，他偷偷地跟在哥哥后面，只见他绕过巷子，走在信河街的路灯下，小小的身影在夜风里摇晃，一路跑到父亲的酒店。小五一也跟了进去，发现父亲与哥哥就着一碗热面吃。小五一推门而进，父亲看见，笑嘻嘻地说："这小精灵也来啦。"于是也分点面给他吃。柯五一早已不记得那面的味道，但那温暖的场景一直留在心里，如今回想起来，总觉得那味道是极为入口的那种。1960年，小五一辍学后，就帮着父亲一起料理家事，拾柴、贩电影票、卖荸荠，换点小钱，日子虽苦涩，却也养成了他一种勤劳、积极、热情、爱交朋友的性格。

　　到了1963年，国家开始在经济建设中有了起色，条件有些好转，也开始出现市场了。柯五一记得很清楚，当年温州有了罐头厂，猪有一千头。我很奇怪，他怎么知道那一千头猪的详细数据，原来，他每天去罐头厂买骨头等肥料，不仅有猪，还有鸡鸭。小五一把骨头放水里煮，将骨边那一点点肉分离出来，把骨头晒干，肉碎或熬油，或卤成肉沫，然后拿到市场上去卖。温州罐头厂主要是做出口，都是上好的材料进行生产，出口日本、欧洲以及非洲等地，以创收外汇，所以，小五一做的肉沫特别香。人们将他卤的肉沫和骨头买回来，熬汤或拌面，味道特别好。罐头厂渐渐上了规模，生产出来的骨头等废料堆积起来，小五一于是一次性都收购了进来，连夜熬制，竟十天十夜不休不眠。

温州出产凤尾鱼，是带籽的，俗称子鳓。因为凤尾鱼产子，总要在瓯江涨潮的时候，蜂拥而至江心岛的背面。小五一从麻行码头划船到江心后面的江上，从渔民手里低价购进，拿到松台山下的菜市场贩卖。那时虽已有了税务征收站，但并无健全的纳税制度。市场上偶有税务人员来检查，小五一见了，拎起箩筐狂奔而逃，这对他来说，是最重要的事情。

虽然父亲在酒店里当会计，但他的才智并不仅仅会算账，也熟悉了厨师的工作技巧和流程，他将这一切也教会了小五一，他开始带着儿子做点小生意。古人说，民以食为天，在所有的生意中，只有做食物，是最能得实惠的。从1964年开始，小五一和他父亲的生意渐渐有了规模，这所谓的"规模"，是针对他们自己的小家庭来说的。每天凌晨三点，小五一就到肉店买料，回家与父亲一起做成卤制品，用板车拉到新街头卖，一天下来，也能赚几块钱。

父亲所在的八字饮食店，旁边有复兴饭店，还有跃进饭店。当时的商业有三种形式，一种是"小组"，即由几个人组成的机构；还有是"合作"，规模稍大，再一种是"国营"，能在国营里上班，是很光荣的事，收入也相当稳定。父亲的八字饮食店（后更名为更生酒店）由五人组成，属于街道管理。这时的父亲身体渐渐垮掉，就由小五一来代他工作。小五一在那里学会了做鱼丸、鱼饼等，这些都是温州自古以来的食材。柯五一还记得，有一天，他与父亲一起半夜起床卤肉，父亲切肉的时候，不小心切掉了自己的半个指头，鲜血直流。父亲咬着牙，用布头紧紧地绑住手指，继续干活，他回头只对小五一说了一句话："孩子，以后若有人问起你的母亲，你就说，你没有妈妈，她已经死了。"小五一睁大着一双清澈的眼睛看着父亲，他知道他很痛，小五一的心也很痛，他记住了父亲的话。他不知道这时他有多么想念母亲，他已经很多年没有见到妈妈了。直到父亲去世后，他才去看望了自己的妈妈，他原谅了母亲，但父亲的痛留在他心里，似乎永远挥之不去了，他对母亲的爱与恨，是那样的痛彻心扉，这种心痛，竟从来没有消泯。

柯五一17岁留影

6. 从小学会的手艺

2017年12月底，圣诞节前夕，柯五一在他位于上江路的溢香厅国际宴会中心晏虹西餐厅招待几位年轻人。作为董事长的柯五一亲自下厨，他做了一道拿手好菜：荸荠丸。他手上的菜刀在砧板上飞快地将荸荠剁碎，拌上淀粉，做成一个个略小于乒乓球似的荸荠丸。满满一镬的油，慢慢烧热，将荸荠丸在油里炸成金黄色，再冷却，回锅，然后将白糖化开，拌在荸荠丸上，冷却后，白霜与金球组成的美味，香绕一屋。做这样的荸荠丸，看起来简单，实际上却不容易，如果水分没有掌握好，入油就会散掉；如果温度掌控不好，一眨眼功夫就会乌焦。没有什么仪表仪器可以测量，一切全凭感觉和经验。这是柯五一几十年里的积累所得，学是学不会的。

再比如做鱼丸，有鮸鱼，有马鲛，两种鱼做出来的味道不同，相掺和之后味道更好，但比例掌握，以及淀粉比例，也是全凭感觉和经验。鱼少粉多，必不可口，那是欺客；鱼多粉少，容易散花，让人笑话。柯五一做的鱼丸，不松不韧，味道鲜美，他完全遵照古法，不欺客，不变形，令人印象深刻。

柯五一喜欢做家常菜，其实，这家常，便是瓯风，所谓瓯菜，就是要日常的口味，雅而不腻，鲜而不淡。菜是生活，是入口的俗务，却也是艺术，是品位。柯五一能把日常的口味，做成瓯菜的代表，这是他毕生的努力。

这一切，都要从他自1966年代父出工开始。曾经，父亲所在的更生酒店虽是小组，却还是经常要接受检查。但酒店倒是没有关闭，继续惨淡经营。柯五一他们做的这些家常食料，周边的群众挺喜欢，他们总是认这小庙的牌子。

这年他十六岁，他已历经各种坎坷，所有的苦难对他来说都是短暂的。

柯五一已经长成精壮的小伙子了。这是典型的南方人的身材，不高，但肌肉结实。他喜欢运动，尤其是游泳。他长年在瓯江边拾柴捡煤，也由此熟识水性，他可以跳进瓯江汹涌的浪涛中奋臂游到对岸。温州城几乎靠近瓯江的入海口，江面宽阔，泥泞的滩涂上居住着很多水生物。涨潮的时候，海水倒灌，潮水可以一直涨到上游龙泉。柯五一喜欢在涨潮的时候逆水而游，他就像跳龙门的鲤鱼，从麻行码头跳进瓯江，一直游到江心岛上。"文革"期间，所有的旅游设施都关闭，也没有渡轮摆渡，江心岛上荒无人烟，柯五一独自上岸闲逛，只有工人疗养院的几个员工在门口走动。那两栋建筑原来属于英国领事馆。

柯五一18岁留影

《烟台条约》后，英国在温州设立领事馆，馆址就在有"瓯江蓬莱"之称的江心岛上。其主楼建于1894年，建筑风格完全是欧式的三层复式洋楼，青砖结构。1895年在主楼东面又建了一栋两层楼作为巡捕房。1924年5月，英国驻温领事馆裁撤后，这里曾作为瓯海关税务司的公寓。1950年后，成为温州总工会下属的工人疗养院。

温州还有一座浩然楼，这是为了纪念孟浩然的一座中式两层建筑。孟浩然是在大唐开元二十年，即公元732年的岁暮来到温州江心屿的，他来看望被贬官乐成尉的老朋友张子容，与之同游江心孤屿。位于瓯江北岸的乐成（乐清）

乃永嘉郡属县，那时大约是荒蛮而孤寂的，所以孟浩然在他的诗里写道："廧宇邻鲛室，人烟接岛夷。乡园万里余，失路一相悲。"

江心孤屿最早的时候只是两个小岛礁突兀在瓯江上，据说东晋时有天竺僧人诺矩罗曾在此修行。诗人谢灵运更是在这里流连忘返，写下许多优美的诗句："乱流趋正绝，孤屿媚中川。云日相辉映，空水共澄鲜。"于是一座依山而筑的澄鲜阁，显得尤其幽静地在西塔之下怀念着旧时光。江心孤屿的变迁，很大程度上与佛教的流传有关。江心屿最先建造的佛教寺院是唐咸通七年（866）在西峰东麓建净信院，后更名为兴庆禅寺，并在西峰顶上建造了佛塔，俗称西塔。宋开宝二年（969），又在东峰西麓建普寂禅院，后来的宋高宗将其改名为龙翔禅寺，并在东峰顶上建造了佛塔，俗称东塔。

南宋绍兴七年（1137），托钵僧青了法师独爱这江中孤屿和两岸的奇山秀水，而终于结庐岛上，发愿在两丘之间的涂泥上创立中川禅院。那时他刚刚五十岁，来自蜀地，早已享誉海内。他在温州讲经布道，赢得温州人的尊重，"所过之处，人们聚集迎拜，金帛之献，舟衔舆曳，以先至为幸"。这番情景与一千年后基督教在温州的传播形成了鲜明的对比，英美的传教士们在温州传布福音却是困难重重。

寺院很快就得以建成，名"中川寺"，宋高宗改其名为龙翔兴庆禅寺，俗称"江心寺"。这就是现在柯五一看到的寺院。1966年的江心寺颇有些破败了，僧人远遁，佛像被砸烂，石碑成了铺路石，宋高宗笔力清绝的题字也不知去向。

江心寺建成后，这寂寞的乱石荒丘顿成海天佛国，就如诗里写的："南朝四百八十寺，多少楼台烟雨中。"世界各国的佛教信徒纷纷前来朝拜，成为一方圣地。山门前，是南宋状元王十朋撰写的著名对联："云朝朝朝朝朝朝朝散；潮长长长长长长长消。"据说这对联有好几种断句法，反正描写的意思就是瓯江潮涨潮落，白云朝来朝散的美丽情景。柯五一不记得游上江心屿时，这幅对联是否还悬挂在破落的寺院门口，但那些字，却是留在心里，面对山门，就可以在心里读出来。

远在宋代之时，因为温州商业发达，店铺林立，"其货纤靡，其人多贾"，很多番人来到这座风景秀丽而气候宜人的城市，其中当然也有很多僧人，包括佛教徒、摩尼教徒、景教徒等。"永嘉四灵"之一徐照写到江心寺的时候，曾说："两寺今为一，僧多外国人。"渡江心寺的码头，就在麻行僧街的尽头，俗称"麻行码头"，也就是少年柯五一经常出没的地方。

江心孤屿在瓯江的汹涌波涛中巍然耸立，鼓荡着一股浩然之气。江心寺边上的文信国公祠中，祭祀着铮铮铁骨的民族英雄文天祥。丹心碧血的一代忠魂，曾在这孤屿上住过一月，号召南方尚存的力量抵抗蒙古铁骑的侵略，欲挽狂澜于既倒。并写有《至温州》一诗，慷慨悲歌，壮志未酬。遥想当年，宋高宗赵构为躲避金兵锋芒而下温州，虽多少也有些凄惶，但那一代王者的天威尚在，那气象似乎也不像亡国之君的狼狈。当时高宗避入江心寺，后又在温州临时建都，国家的实力还在，臣子们复兴中原的雄心还在。温州这样一个远离政治中心的边缘城市，千年以来还从没有一个皇帝踏上过这片土地，宋高宗是第一个，也是最后一个。

谁也不曾想到，在温州的江心孤屿之上，还有一座祭祀文天祥的祠堂，一千年来，温州人不忘文天祥，因为温州不但"其人多贾"，更是"其民尚武"之地。少年柯五一除了喜欢在瓯江上逆水而游，还拜师学武。他说，那是二十世纪60年代的风尚，其实在我看来，这是千余年来温州的风尚。柯五一拜的师傅，名叫绍真老师，他是浙南著名拳师陈朗清的徒弟。那年，柯五一十五岁。他是在江心屿上的文信国公祠中认识了文天祥的，他由此懂得了什么是义人的路，他向往疏财仗义的英雄豪杰，他也希望自己能成为这样的人。

第**3**章
练武强身，
独立于社会

　　柯五一决定，要独自去外面走走。他要离开温州，去看看外面的世界。父亲在的时候，他虽然有过这个念头，但古人说，父母在，不远游。何况，父亲又是拖着病体工作，他无论如何都放不下这颗孝心。他对父亲的爱，除了表现在更勤劳地代父出工之外，还有就是深深地埋藏起自己的其他愿望。他是父亲的另一条臂膀。

7. 练习武术

　　二十世纪六七十年代的年轻人，没有更多的娱乐项目，没有更多的书可以阅读，他们旺盛的生命力也就集中表现在打架斗殴和强身健体方面了。

　　柯五一拜在绍真老师的门下，开始学习刚柔拳法。那时教拳是公开的秘密，拳师一般都是在自家道坦里教，大门虚掩着，里头可热闹了，年轻人在道坦上挥汗如雨，陈朗清师公则高坐中堂，绍真师傅手把手教大家马步、出拳、提肛缩肾、气沉丹田，拱手、出箭，三战、四门，劈、撩、拨、扫，三角步、虎形爪、猫儿擂、燕儿扑水等。这些都是温州南拳里典型的身法、手法、步法，动作刚猛，力拔山兮，故有"硬拳"之俗称。除了套路，还有盘拳对打，掏马试力。器械有齐眉棍、丈二棒、板凳花、双锏等。当时著名的拳师除了陈朗清、陈一虎两兄弟之外，还有西角的姆桃、麻行僧街的汤老二、东门的寿熹佬，谢池巷的吴崇富、南塘的金庆池、灰桥的孟克洪、大人云等，都是南拳高手，有练刚柔法的，有练五鸡法的，有练虎鹤拳的，三大门派之外还有各种支系，可谓门派林立；练北派功夫的有来自新加坡精武门的庄伯、少林拳的孙艺泉及其以腿法著称的弟子金德和等，能数出名字来的拳师还有许多，他们每个人都有各种传奇故事流传在这座小城里。由此亦可见温州自古武风之盛。

　　说起来，柯五一也算是练了好几套拳法，还在师公陈朗清先生座前进行过表演，朗清师公点头，则表示通过，若是练得不好，他一定会目光严厉，令人望而生畏。虽然时过境迁，柯五一早已将学会的拳脚技艺都还给了师傅，但他拱手扎马，摆个型，还是可以看出名门正派的身手的。

在柯五一看来，他去学拳，除了健身防身之外，还有一个目的，就是找个老师，有一班师兄弟，在社会上就不会被人欺负。同一个师门的兄弟是最讲义气的，自古如此。

柯五一由此结交了许多朋友。他说，他在二十岁之前，就交了100个朋友，知心的朋友有30个，尤其是东门的朋友，最多。

说来有趣，柯五一向来生活在西郭码道边，而交的朋友却都是东门的。温州话里，西郭是指城市的西郊，"郭"乃城外之墙，"码道"也就是码头、埠头。俗话说，西郭外的人最凶悍，他们生活在城市边缘，

柯五一20岁留影

又是多在码道上讨生活，当然就养成了强悍的性格。但东门也是码道，向来也是桀骜不驯的多。他们这两边的人，就经常会发生斗殴，由此形成了"西门班"和"东门班"的两股松散的组织。在1949年之前，两个组织都有所谓的"班头"，东门的班头是著名的拳师寿熹佬，他的功夫来自平阳的刚柔法中的中栏门，他的师傅是平阳的应世雄。据说拜师之前，他已跟随应世雄的师弟练过很久，功夫已然不错。因此当他宴请应世雄来家里教拳的时候，摆下一桌的酒菜款待，另一张八仙桌上铺满了作为学费的银元。酒足饭饱之后，寿熹佬摆开架势，要与师傅过过手，也就是说，你若胜我，就拜师于你，桌上的银元全部归你，若败于我，则就此各奔东西。结果被应世雄一掌打到屋角的床上，从

此诚心而学，练就一身武功。1951年以后他来到上海，以卖炭为生，并接触到了上海心意门和通背门的精髓，功夫更有长进。

而西门住着同样著名的拳师汤老二，他是五鸡法的传人，力大无穷。他的师傅之一是万峰老师，据说能将四百斤的石臼举起来，当帽子顶在头上打拳。另一个师傅是鲍令德，曾是清末南京行营的教官，功夫更是精湛。汤老二练功的石板有三百斤，压在马步上练功，所以他在地上一站，没有人能推动他。他的大刀有一百二十斤，他能舞得跟风吹似的轻松。

有一种说法，有一次因为一场纠纷，东门班的人要过麻行僧街去打西门班，西门班自认为实力不够，连夜请汤老二出马。汤老二虽是当地乡绅，经营酒厂，富甲一方，但也是读书人，不干这种打打杀杀的事，于是他说，把我的大刀拿去立在街口吧。第二天东门班的人到了街口，看见汤老二的大刀立在那儿，就说，西门班请汤老二出来，我们就退了吧。于是一场血雨腥风因此而平息了。

柯五一的日常生活里，除了到绍真师傅那里学拳，平时则帮助身体不好的父亲工作，在父亲所在的更生饮食店，做鱼饼，煮牛奶，炸花球，成了一个实实在在的草根厨师。若是有空，就在大榕树下与人对弈。除了当厨师，他还充当屠夫。有一次兄弟俩进了一头八百斤重的猪，要亲自屠宰，两个年轻人都是新手，结果非但没有电死此猪，还被它夺路逃了出去，一路狂奔进了麻行码头。当时驻守在码头的是"联总"，不让兄弟俩进去，柯五一发挥自己善交朋友的能力，好说歹说，才得以放行，让他们把猪拉了回去。

只有勤劳地工作，才能换得作为人的尊严，这是柯五一的人生信条之一。

8. 新街口摆摊

柯五一在父亲的带领下，以更生饮食店的名义，开始在新街口摆摊，卖熟食。每天夜里将新鲜的鱼肉卤熟，然后推着板车，早早地出现在街口。柯五一头顶着木板，一路小跑，风里雨里，他健壮的身影在晨曦里总是匆忙而稳健的。附近的居民都喜欢他们的卤食，因为味道正宗，都是温州人热爱的口味。

八字桥头有很多传统的小吃曾经非常著名，如今数得出的还有歪头的米豆腐，沈宝华的松糕，兴旺的薄饼，三豹的馒头，阿桃儿的牛肉面。柯五一父亲原来工作的更生饮食店则以番薯和菜头球名声最响。如今，柯五一的熟食摊，也要加入他们的行列了。

这样的日子是快乐无忧的，却也是艰辛劳累的，半夜人家还在酣眠，柯五一一家已在昏黄的灯下劳作，天还未亮，摊子已摆出来，那些卤肉、炸鱼的香味，早已飘满街口。环卫处的挑粪工人系着黑色的橡胶围巾，将家家户户放在门口的马桶倒进他们的板车，垃圾工清扫着道路上的垃圾。渐渐地，晨曦微露，早起的人们有的在门口刷马桶，有的去附近的水井里或公共水龙头挑水。那时自来水还没有通到家家户户，往往在巷子口设一个水龙头，挑一担水要一分钱。每家都会备一口大水缸，用来盛水。温州的井倒还很多，都是1600年间断断续续开挖的，据说在东晋建城之时就挖了二十八口井，对应天上的二十八星宿。留存至今的还有宋代、明代和清代开挖的水井，三牌坊有八角井，松台山上有仙人井，华盖山下有两口井，铁井栏有铁栏井，这些都是著名的古老水井。巷子里的水井，有些在人家的院子里，有些就在路边，都是大家公用的，谁都可以去打来吃用。井水清冽甘甜。夏天的时候，住在井边的人家会将西瓜盛在篮子里，用井绳系好放入井里，人们围井而聊，等到一两个时辰，再捞上来，打开吃，胜如冰镇，清爽可口。大人或孩子在路上走累了，可以找一口井，坐下来歇息，打一桶水上来喝几口，洗洗手脚，可以解暑，冰凉的井水是人们心中美好的记忆。到了冬天，温度降到零下，屋檐下有冰挂，路面也结了冰，但井口却冒着烟，井水永不会冻结。太阳出来的时候，人们就打一桶水上来，冲刷一下结冰的街面。

井水很清冽，但自来水却有一股消毒剂的味道。人们就用明矾在水缸里划几下，水里的杂质就会沉淀下来。

温州有世界上最大的矾矿，位于温州的苍南矾山，那里是浙闽交界之处，自明代洪武年间就已开采，已有600多年的历史。温州民间几乎每户人家都会备一块白色的明矾，放在水里划几下，就会变得透明。这真是神奇的矿石，据说还可以用作食品添加剂和医药。

多年的劳累辛苦，柯五一的父亲渐渐沉疴难起，他一生坚强，但生不逢时，精神压抑，终于在1972年撒手人寰。那是一个阴郁的春天，三月的桃花看起来都是杜鹃的啼血一般，绵绵的春雨反而带来的是冷峻的气温。

柯五一兄弟俩为父亲举办了隆重的葬礼。柯五一记得很清楚，那一天来参加葬礼的，有100个朋友，送了人情的知交有30个。这些朋友都是他在社会上结交的讲义气的年轻人，有拳坛的同门师兄弟，有西郭的街坊伙伴，有东门的同道好友。柯五一是慷慨的人，有钱就与大家共享快乐，从不亏欠朋友的情义。所以，大家都愿意和他交往。俗话说，东门的打脚西郭的赖类。这是温州方言俗话，说的是这两处的年轻人的形象特征。温州人把打手称为打脚，把无赖称为赖类。实际上，真正的打脚和赖类并不多，在这些人群中，更多的是精力旺盛而无处发泄的年轻人，喜欢打架，喜欢逞强，不认输，不服气的一些习性，而不是真正作奸犯科的罪人。但这些人喜欢讲江湖义气，喜欢一人有难大家相帮。柯五一看起来结交的都是他们。

屋檐下的冰挂早已消融，春节的热闹只是转瞬即逝的快乐。随着父亲的去世，柯五一的心境也开始有了变化，他必须学会如何独立于社会。人说三十而立，柯五一可以说提早了八年就要让自己立起来。俗语里有"穷人的孩子早当家"的经验总结，虽然柯五一早在十岁时就开始当家了，但毕竟身后还有一位父亲为他撑住腰。如今父亲去了天国，他在人世的苦难终于了结，他要在天父的膝下享受灵魂的安宁了。柯五一的人生，也从这一天起，才刚刚开始。

柯五一决定，要独自去外面走走。他要离开温州，去看看外面的世界。父亲在的时候，他虽然有过这个念头，但古人说，父母在，不远游。何况，父亲又是拖着病体工作，他无论如何都放不下这颗孝心。他对父亲的爱，除了表现在更勤劳地代父出工之外，还有就是深深地埋藏起自己的其他愿望。他是父亲的另一条臂膀。

要去外地闯荡，在那个时代并不容易，出门要有理由足够的介绍信，还要有足够的路费。

当时，"上山下乡"运动正如火如荼地进行。机会来了，他的一个朋友的弟弟在黑龙江插队，春节时回温州探亲，这天要回去了，他的朋友不放心自己的弟弟，想找个人护送一下。于是柯五一就自告奋勇去了。

第❹章

朋友遍天下

　　话说回来，这一次的旅行，算是柯五一的第一次游学经历吧。远行，对一个人的成长来说至关重要，古人说，行万里路，胜读万卷书。每一次的远行，都是一个学习的过程，它能拓展人的视野，拓宽人的思路，开阔人的胸怀。

9. 游历北方

在柯五一的一百多个朋友当中，有好些都去了黑龙江插队。其中还有一位是好友的弟弟。柯五一答应护送他，因为这个弟弟才初中毕业，也就十五岁光景。

从温州到上海只有两条路，要么陆路，要么水路。走陆路虽

柯五一青年时代朋友合影

然快一点，但坐车走国道，车费要比船票贵几块，并且山路逶迤，坎坷颠簸，十分辛苦。而走水路，虽则慢而长，海上波浪起伏，阴晴不定，但相比而言要舒适些，安逸些。一般人都选择走海上，三等舱以上可以有床铺，而四五等舱就是通铺，在船底，舱内闷热，各种气味杂陈，二十四小时的航行，实在也是难捱。若有人晕船，一路呕吐，那滋味更是一种煎熬。反正，出门就是苦而累，没有办法。

从公平码头上岸，便是大上海——从前温州人的梦想所在。柯五一护送朋友的弟弟到了上海，再从上海到大连，还是需要坐船，而船票非常紧张。柯五一对朋友的弟弟说，如果能买到船票，他就去，如果买不到，他就送到这里

为止。对于初次出远门的柯五一来说，面对陌生的城市、陌生的人群、陌生的交通，还是有点怯场。但是很快，他就适应了陌生的环境。

买船票的队伍很长，他们轮流排队等待。幸运的是，他们居然买到了两张船票。就这样，柯五一踏上了去往东北的旅程。

东三省是一片广袤的黑土地。南方平原狭窄，丘陵起伏，出门就见山，但山清水秀，所以南方人细腻，精于算计，甚至精确到厘米分米。而北方地阔天远，一望无际，所以北方人也就养成了豪迈粗犷的性格。到了东北，柯五一就一下子明白了人性与环境的关系。

从东北大地回头望温州，温州究竟是怎样的一座城市呢？柯五一开始思考这个问题。

翻开温州的历史，可以明显地发现这里除了中原文明普遍的传播，还有很多与之格格不入的古瓯遗响。作为这独特文化的滥觞，人们不能不从"断发文身"的古瓯习俗中去寻找并发现其桀骜不驯的性格以及地理环境所造成的群体心理特征。这在柯五一身上就有明显的表现。从黑龙江的一马平川，回望温州地理环境，这里三面环山，一面临海，浩荡的瓯江从中穿过，由于大山的阻隔，它与内陆文明的交流是闭塞而自负的，而大海与江流，又养育了它宽阔的胸襟和视野。从这一点来说，却颇与东北群体相像。农耕文化对这里的人们来说从来不是最重要的，渔猎和贸易才是他们所喜欢的。即使在近代温州，只要你走进这座城市，便无处不深深地感受到仿佛《清明上河图》一般的民俗画风情：青瓦老街、庭院深深，曲折的小巷仿佛永无尽头，却在你快要绝望的时候柳暗花明，一片新的天地豁然出现在你的面前。

这一番情景对柯五一来说真是太熟悉不过了，从八字桥巷穿过天雷巷，东有桂井巷、东岳殿巷、鲤鱼桥、卖油桥，走进桂井巷，又有文忠巷，从文忠巷走出来，往东就是八仙楼。八仙楼前有东岳殿，殿后就是四营堂巷、永清桥和万岁里（据说这名字起源于南宋赵构皇帝临幸温州时，从瓯江上岸穿过此地而入城，故称之为万岁里）。从天雷巷往西，则有将军桥、文书巷，皆通往麻行僧街，往北则是永清门外的永清码头，俗称麻行码头。再往西就是瓜棚下、水窟头。条条小巷纵横交错，如一张蜘蛛网。

冯骥才先生说："浩大而深厚的文化，正是沉淀在这老街老巷一片片昔日的空间里，而且它们不像博物馆里的陈列品那样孤立、确凿、冰冷，在这里一切都是有血有肉，生动真实，而且永远也甭想弄清它的底细。如果这些老街老巷老楼老屋拆了，活生生的历史也就散失、飘落、无迹可寻了。"这话倒是应验了温州，柯五一早已找不到自己青少年时代生活的踪迹了，他的天雷巷，他的卖油桥，他的麻行僧街，都早已拆散、飘落在时间的长河里无迹可寻了。但是，在他去黑龙江的那段日子，温州老城基本还保持着一千六百年前的模样，只是有些破败而已。

那些曲折的小巷和密布的河道，使小城有着浓厚的风情，并让人觉得小城很大，因为当你从一条小巷到达另一条路，从一条水道到达另一个码头的时候，常常会发现那是你并不认识的地方，虽然只有几百米，却是你从来不曾去过的地方。而当人们填塞了河道，把曲折的通幽小巷变成了宽敞的大路时，你才发现，原来这座城市是那样狭小，一览无余。

由这样丰富而悠久的历史以及地理环境所形成的温州人的性格是独具特点的，既有南方的精明、细致，又有北方的豪迈、粗犷；既有农民的执着、偏见，又有渔民的开放、宽容；既有手工业者的灵巧、厚道，又有商人的胸怀、算计。江湖义气则更为普及，因为这里的人们常四处漂泊，一个闯荡世界的人在这里是受尊敬的。由此可见温州人的性格是矛盾而统一的。

作为瓯江下游的冲积平原，温州这片土地是有自己特色的。在这片江南古老富饶的乡土上，温州地域文化的形成有其独立的发展历程。早在先秦时代，生活在这里的先民属于百越部落之一，相对中原文明，这里"断发文身"的习俗以及彪悍尚武的习性，是被视为野蛮的、不开化的特征，柯五一却发现这一点与东北文化倒有几分相似了。在那片所谓关外的大地上曾生活着诸如契丹、女真的游牧民族，同样的剽悍尚武、坚毅粗犷。

前面说过，温州三面环山，生活在温州的先民面对重重大山的阻隔，面对逼仄的耕地和丰富的雨水，养成谨慎、刻苦而精于计算的习惯。同时，面对漫漫大海的汹涌波涛和海外广阔的世界，他们的心胸又是宽广而充满向往的，征服的野心一再在他们的血脉中翻滚——他们的征服不是使用武力的占领，而是用商业贸易来实现财富的欲望，赢得最大的利益。变化莫测的海洋以及台风狂暴的破坏，不断地威胁着他们的生命财产，而面对如此的困境和灾难，世代居住这里的人们是勇敢而坚强的，他们不断地重建自己美好的家园，他们出海，却并不关心或寻找上帝应许的乐土，而是谋求更大的幸福并将这幸福带回家园，他们带着兴旺家族的使命，与风浪和邪恶的势力搏斗。从先秦时代开始，他们就开始频繁地乘风出海了，他们的足迹遍布东南亚、日本、琉球等岛国，寻找属于他们的财富。

还在黑龙江送别友人的柯五一并不知道，二十年后他还将踏上温州先民的足迹，远渡重洋。但他已经感受到了温州人胸怀四海的某种内心感应。温州先民从海洋商业中获益，他们的兴趣是在付出艰辛的代价后能够获取最大的利润，这种思想直到南宋时期由永嘉学派进行了总结，此即经世致用的功利之学。传统儒家反对一切功利，而永嘉学派则成为对传统儒家的补充，具有特殊的意义，但在南宋以来的传统中原文明中影响不大。可是温州人依旧实践着他们的看法。正如永嘉学派所言："无功利，则道义者乃无用之虚语尔。""以利与人……故道义光明。"所以温州人的商业，不是只顾自己的利益，而是要双赢，也就是要"与人以利"，那才是人的"道义"，其实也就是现代商业的原则。

温州人信奉"和气生财"的道理，也注重生意场上的"道义"。温州人中有很多经商的好手，他们从不逾越现代商业的原则，并且也对整个商业环境产生了发自肺腑的呼唤。

其实，柯五一在去东北的旅途上就渐渐感受到温州的呼唤。他的头脑开始变得清晰起来，他开始有些感想，感到自己的内心需要的是什么。

在黑龙江，柯五一从一个农场到一个农场，从一个兵团到一个兵团，他四处访问自己从家乡出来的友人，也结交新朋友。他是一个喜欢交朋友的年轻人。喝着东北二锅头，唱着红歌，生活就是这样，再苦再累也不能没有酒和歌。就这样，他在东北一呆就是两个月。他去了连江口，去了七台河，去了鹤岗。这成为他的人生中极为珍贵的经历。

两个月后，柯五一准备回温州，可是他已身无分文。他的三个在黑龙江的好友阿华、一民、建华一起给他买了一张到金华的火车票，留下自己吃饭的钱，其余的都赠给了柯五一在路上用。这是他第一次得到朋友在资金上的支持。柯五一说，在他三十多年的创业生涯中，离不开朋友们的大力支持和帮助，是真正应验了那句古话：在家靠父母，出门靠朋友。

一路穷游，也是长了不少的见识。车到上海，他还不忘去上海第一百货公司买了三十条手帕，送给家乡最好的三十个好友。柯五一在四十多年后仍清楚地记得那些蓝黄相间的格子手帕。当他回到家乡时，口袋里一分钱也没有了，但这些送朋友的礼物，是一件也不能少。在这些朋友中，有东门的戴世杰，八字桥的小方，西郭的阿飞。这些都是可以为他两肋插刀的朋友。

这一次的旅行，算是柯五一的第一次游学经历吧。远行，对一个人的成长来说至关重要，古人说，行万里路，胜读万卷书。每一次的远行，都是一个学习的过程，它能拓展人的视野，拓宽人的思路，开阔人的胸怀。

第**5**章

丘比特的箭射中了他的心

　　爱情的青苗一旦发芽，就会像一根藤蔓一样迅速生长，它会在心里左冲右突，枝蔓横生，很快就会占据整个心房，并将笼罩整个身躯，甚至要长出身体之外，非要用言语表达出来。张丽华是一个喜欢安静的姑娘，她的性格中从来没有张扬，甚至对他的不安分的性格还颇有看法。她照例是无言地面对自己哥哥的朋友，以微笑，以沉默，以祥和。

10. 恋爱

自从柯五一的父亲去世后，柯五一就顶替父亲成为更生饮食店的厨师。他每天照例早早起床，准备一天的工作。他研究各种厨艺，对于一个从小缺衣少食的年轻人来说，丰美的食物简直就是人间最美的艺术。将食材做出美味，还要做出色彩和形状，在柯五一看来，这一切才是快乐的源泉，就像一个酿酒师对上好的美酒的渴望，后来柯五一总结出一条哲理，他说："美食反映了城市的生活品质和时代特征。"这话非常有道理。

一次偶然的机会，柯五一注意到有一位文静的姑娘叫张丽华，她白白净净，安安静静，坐在一个角落里。柯五一知道她是他的一个朋友的妹妹，比他小五岁。平常他也到她家玩过，当然都是和她哥哥一起。张丽华从来不参与哥哥的活动，但在柯五一的心里，却渐渐地萌芽了爱情的青苗。之后再遇见张丽华，她会大方地与他打个招呼，但也只是一个礼貌的招呼而已，对于这个壮实的青年，在张丽华的眼里并没有与别人不同，可是在柯五一的心里，却是甜美的。

爱情的青苗一旦发芽，就会像一根藤蔓一样迅速生长，它会在心里左冲右突，枝蔓横生，很快就会占据整个心房，并将笼罩整个身躯，甚至要长出身体之外，非要用言语表达出来。张丽华是一个喜欢安静的姑娘，她的性格中从来没有张扬，甚至对他的不安分的性格还颇有看法。她照例是无言地面对自己哥哥的朋友，以微笑，以沉默，以祥和。然而柯五一却不能忍耐了，他要表达，要支持，要开诚布公地将心灵和盘托出。这样的僵持没有多久，柯五一就向张丽华表明了心迹。张丽华只是低了头，她没有反对。其实在内心深处，对他的人品，她看在心里，她不直说，但心里明白。在那样的岁月中，人们并不时兴浪漫的、激情的爱情，只要是觉得合适，那么爱情的表达就代表了生命的许诺。

有一次，柯五一走在张丽华的身边，悄悄地牵住了她的手。

这一牵手，便是一辈子。

张丽华柯五一1976年 结婚照

爱神丘比特从来不会吝惜手中的弓箭，但是它也从来不会让射中的青年一帆风顺地享受爱的果实。因为一切的爱情，都必须经受磨炼，才会变得坚强，正如那无坚不摧的利箭，总要在困厄中才能磨砺出锋芒。张丽华在电信厂上班，虽只是一个做电缆的工人，但电信厂是国营单位，在那个时代，国营单位的职工也代表了一种身份的优势，而柯五一只是一个小组单位的员工，不但身份要低许多，而且收入也比别人低。尽管柯五一能干、历练，额外干点私活，还能赚些外快，但面对张丽华的家长，这却不是正当的、体面的工作，因此他出现在女儿的面前，对家长来说却不是值得欢迎的人。

摆在柯五一面前的路，还长着呢。他开始清楚地明白自己需要什么。

他需要一个国营单位职工的身份。

一个追求上进的人，命运总能眷顾到他。

虽然柯五一在学校所受的教育很少，他因为贫穷和身份的低下而失去了这个机会，但他又在代父出工的生活中学到了别人在学校里学不到的东西。当他的父亲去世后，他又只身去了东北，在访友的旅程中，他见到了外面的世界。

生活从来不是一成不变的。柯五一在他的青年时代结交了如此众多的朋友，他对朋友的热心，也换来了朋友的回报。因为一个好友的介绍，他得以到国营的中百食堂工作，这是他的人生开始走向光明的一个契机。

柯五一到中百食堂任厨师，是属于借调，但作为人才留了下来。但不管怎样，这是国营单位，相对于柯五一来说，在身份上是一个巨大的改变。而这一切，完全是为了给未来的妻子和岳父母挣一个体面的面子。柯五一做到了，张丽华的家长也就不再反对他们的交往。

张丽华后来说，当年的选择并不是像现在的年轻人那样，完全处于激情澎湃的恋爱中要死要活，也不像更早之前的那种依靠媒妁之言，他们的自由恋爱是平静而理智的，觉得这个人好就可以了。这的确是平实直白的话语。她说她看中柯五一的是他的聪明与勤劳。柯五一听了之后却哈哈大笑，说，聪明有什么用，我是因为直爽、好讲话，你才喜欢我的。这是他们结婚四十年后的一场对话，也可以从中看出他们夫妇各自的性情。

他们对各自的评价，其实都有各自的道理。聪明当然有用，要是愚笨，当然就不可能做成任何大事，即便偶然碰上了，也不可能持久。勤劳，却真是柯五一的个性特征，甚至可以说他是一位极其勤劳的人。至于直爽和好讲话，当然也是他的鲜明的性格。有这样的结合，才有未来的事业发展。

若说勤劳，柯五一的确如此。从1975年开始，他就去给人家做生活，先是跟"麻行北佬"任周老师学习酒水，也就是私下给各家各户承接红白喜事的酒水席。任周老师是麻行人，却长得人高马大，就像个北方人，因此有了"麻行北佬"的绰号。

这是他的第二职业。

那时温州的红白喜事人人都有，总得请个师傅来做饭请邻里亲友吃上一顿。彼时大家都贫穷，没有几户人家能够上得起酒店，所有的红白喜事，都是在自家办理，请厨师来帮忙是必不可少的。说是帮忙，当然也要支付红包，这是公开的秘密，不允许也允许了。柯五一跟"麻行北佬"任周老师承接的第一单是七桌酒水，第二次接了四桌，任周老师碰巧身体不适，就回去了，留下他一个人处理。柯五一发现，他独自一人也能顺利完成，胆子一下就大了，自信

1979年柯五一在西门为新人下厨

满满，接着就单干了。他独自承接订单，又找了一个搭档黄德荣，就一起出去给人家做婚宴了，黄德荣掌刀，阿一主炉，就这样开始了他的艰难而快乐的个体事业。

温州的婚俗有着独特的地方，二十世纪七八十年代，温州还延续着千年来的习惯，但显然也随着思想观念和经济的变化而变化，相比而言，是变得稍微简化了。旧时温州的婚礼有很多繁文缛节，比如都要搬送妆奁和六局利市。六局是指为女家做嫁妆的工人，如裁缝、方木、圆木、油漆、铜匠、锡匠。婚娶之日，男方要在上午带着伴郎去迎亲，送上彩礼，在女方家用午餐。这个午餐当然是隆重的，大部分人家都会在自家院子里举办酒席，如果酒席多而院子、屋子不够，就借用邻居家——没有人会不热情接待举办婚礼的人家，人们认为这是可以给自己带来喜庆的好事。而酒席自然要聘请有技术的厨师，因为婚宴上的盘头是很有些讲究的。

在温州婚宴上，盘头的花式都以百年好合、吉祥如意为主题，龙凤三堆，必有菜雕，或米塑，大菜有鱼皮、全鸡、全鸭、全蹄。柯五一为了这菜雕，着实下了一番苦功，没有老师教，他就自学，每天拿一把小刀，在萝卜菜头上雕龙雕凤，各种吉祥的民间图像，不仅要雕得像，还要雕得快。

在女方家举办好午宴，然后将被褥、锡器、衣橱、鹅兜等嫁妆，各用红头绳扎好，并系上绿绿的万年青或松柏枝，所有的器物上都要贴上大红的双喜字，照例还有糖糕做的金元宝、松糕、米塑和糖金杏等，一路吹吹打打迎入夫家。那样的情景是热闹而欢喜的，人们都会走出门去，看一看美丽的新娘。《瓯江竹枝词》中有描绘这样的婚礼的诗句："争奇炫异竟如何？嫁女妆奁盛绮罗。"有趣的是，在嫁妆中还有一个崭新的马桶，里头放了很多爆米花，象征婚后多子多孙，家族兴旺；还有很多硬币，一般都要偶数，算做利市银，作为搬运者的赏钱，于是一班亲戚的孩子们就都争着去搬马桶，分享这婚礼的快乐与惊喜。

盛大的婚宴是在晚上，包括女方的亲友以及伴娘，都来参加。当新娘与嫁车一起到达新房的大门口时，除了燃放烟花，还要用木柴在门口烧一堆火，新郎要与新娘一起从火堆上跳过。

那时温州城里尚有许多大屋，有的称某宅，有的干脆叫状元屋，有很大的明堂，温州话说，"明堂要大"，就是用这来比喻人与事。中堂两侧是东西厢房，前面一般都有很宽敞的道坦。居住在这样的院子里的人家，都把酒席摆在中堂和道坦里，摆不下的，就在房间里再摆几桌。请来的厨师在道坦一角安起炉灶现做，烈火烹油，锅碗盘碟，人声鼎沸，忙碌而快乐的夜晚，令人难忘。

年轻的柯五一以他旺盛的生命力付出的勤劳，总是能有丰厚的回报。他在温州百货公司的中百食堂工作，一个月的工资是28元，而他给人家的婚宴做一次私活，能有30元的红包，一个月里能接到一单，做一天就胜过他在单位的一个月收入。但这样的活并不是经常有的，这个城市里并非天天有人结婚，黄道吉日一个月也就那么几天，优秀的厨师倒是能排出长长的队伍。于是，在下了班后，每当华灯初上，大家都回家休息了，柯五一又在五马街边摆出摊子，做鱼丸汤。

温州的鱼丸汤是非常美味的小吃。一般都是用鮸鱼肉，按照一定的比例，与淀粉糅合成一团，用手指摘下一朵朵，放入滚开的热水里煮熟，连汤一起打上一碗，放点葱、胡椒粉、盐，十分鲜美可口。

虽然柯五一每天做私活，但他在单位里上班，也是有名的勤劳者，工作积极主动，从来不需要主管催促。中百食堂后来改成"百味厅"对外开放，立刻就成为温州一家著名的餐馆品牌，生意十分兴隆，口碑延续了几十年。而其中的掌勺者，柯五一的功劳也是不可忽视的。"百味厅"之所以让温州的老人们记忆深刻，就因为它的菜品完全是温州人的日常口味，红烧鱼皮、鱼翅、鸡汁鱼唇、肉沫海参、芥菜鱼肚、葱油黄鱼、红烧甲鱼、脆皮跳鱼、炒鳝鱼、糖醋凤尾鱼、江蟹、蛏子、海瓜子、全鸡、全鸭、扣肉、猪蹄，真是山珍海味，样样皆有。

柯五一的生意越做越大、越做越好，可谓是爱情、事业双丰收。物质生活越来越丰富，生活也越来越好了。柯五一感到这段日子多么的幸福，有爱情的滋润，也有事业的成长。

11. 结婚

也是1976年，温州这座东南沿海小城，蓬勃发展的贸易之风开始吹遍了温州的每一个角落，金钱的味道通过古老的海上交通，再一次随着海风刮进这片小小的平原。温州人到各地收购黄金白银和鳗鱼苗，以此跟日本、中国台湾交换物资。笔者记得有一天我的父母亲也跟随人群去了玉环岛，买了一台两音箱的录音机回来。那是台湾产的录音机，可以听广播，可以播放录音磁带。家父是中学英语老师，他苦于封闭的环境不能有深造外语的机会，如今有了这样方便的录音机，他可以整天听读法语、英语录音，顺便还能欣赏广播电台的音乐，听到各种新闻。自那时起，笔者发现巷子口的灯柱上那个每天都会响起音乐的高音喇叭，开始渐渐失去人们的注意了。

当然柯五一也有一台这样的录音机。邓丽君的爱情歌曲，以及那些美妙的音乐，却让年轻人心旌摇荡。当然，柯五一有这样美好的感受并不完全是一部录音机的作用，还在于他与张丽华美好的爱情。

1978年上半年，柯五一结婚了。为了准备结婚，柯五一向单位申请了一间婚房，那是位于温州市鹿城区广场路175号的103室，一间只有30平方米的小屋，但对于柯五一来说，这间爱的小巢简直就是天堂。

有人说，爱，应该是一座有许多房间的屋子，娱乐有娱乐的房间，更衣有更衣的房间，就餐有就餐的房间，生气有生气的房间。有的房间可以用来倾诉，有的房间则是用来聆听的。爱的屋子里，每天都应该充满饭菜的香味，水管里汩汩涌出热水，窗户明亮，清风扑面。

但是柯五一的爱巢仅仅是一间屋子，什么都没有，唯有饭菜的香味，那是不能缺失的。那时的水管还没有接到人家家里，公用水龙头要到街对面去打。幸亏那时的柯五一年轻力壮，人家用两肩挑水，他是两只手各提一个铅桶，一桶装50斤水，就这样每天提回家。

那是新建的一栋职工楼房，楼上楼下都是朝气蓬勃的年轻人和干部，相比天雷巷的老式建筑，这里的条件要现代化一些，钢筋水泥的构造也显得气派些，虽然如今看来，那简直是无比简陋的建筑物，还不如那些老建筑更有风韵，更有艺术的美感。但时代在推进，现代化是那个时代的理想。

结婚那天，柯五一购了几条鲥鱼。在古老的温州，鲥鱼是大户人家的象征，有钱人家吃鲥鱼，穷人家才吃海蜇。如今海蜇皮都成为贵重的食料，那是后话了。虽然柯五一日夜操劳，但挣的钱还是少得可怜，婚宴只摆了三桌，来的都是他的知交好友。柯五一将鲥鱼做成当晚的料，一看还有多，又舍不得浪费，即便晚上就要当新郎了，白天的柯五一还是拿着剩余的鲥鱼赶紧到菜市场卖掉。节俭是美德，这是古人的格言，也是至理名言。

温州也曾闹过饥荒。在那段时间，粮食供应也出现了短缺，在城市里，即便凭粮票籴米也需要搭配一定比例的番薯粉，我记得籴十斤米就有一斤是番薯粉。黑黑的番薯粉可以做成饼，或糊糊。菜市场里买不到菜和肉，但鱼却可以大量供应，从东海里可以打到大量的黄鱼，只卖几分钱一斤。渔民用敲棒的方式，在海面上发出巨大的声响，导致大小黄鱼浮上水面，一网打尽。结果导致此后的几十年野生黄鱼极其稀少，价格昂贵。但不管怎样，我们都有些庆幸生在温州这样的鱼米之乡，不怕饥荒，没有米，我们还可以吃鱼。带鱼是吃不腻的，甚至可以当粮食。

1978年对于中国人来说是一个特殊的年份，因为这一年的12月，中共召开了十一届三中全会，向世人宣布中国全面进入改革开放时代。而对柯五一来说更是一个特殊的年份，因为这一年的年初，他举行了婚礼，迎娶了与他相恋多年的妻子张丽华，下半年就诞下了他的长女柯巴嫩。

柯五一全家福

对于他的长女的名字，很多人都表示好奇，因为这个名字不是一般的中国人习惯的名字，却也不像是西洋舶来的译名，比如那些接受过西洋教育的温州人会给自己的孩子取名"玛丽""丽娜""大卫"什么的。对于这个名字，柯五一总是神秘地微笑，然后说，他的灵感来自黎巴嫩山。"那里有一座黎巴嫩山，山上有活水流下来。我的女儿，她的生命就是那永不枯竭的泉源。"

我不知道柯五一为什么对远在中东地区的小国黎巴嫩那么感兴趣，他的关于黎巴嫩的地理知识是怎么来的？我想，柯五一大概是从新闻中知道这个国家的吧，又或者他是从书中的描述对那个遥远的国度有了无穷的想象？

第二年，柯五一的儿子出生了。他给他取名"巴露"，他说他从一本书上看到一座山上有一块巨大的岩石，它不出泉水，但那凹槽里每天都会聚集到甘露。

有信仰的人，终究是有福的，美好的祝愿，是建立在美好的善心之上的。

似乎在冥冥之中，柯五一与水从此结下了美丽的缘分，那滋润了馥郁的香柏树的泉水，将溢满他的杯子。

第6章

人生的又一个
转折点

柯五一由此总结出一条经验：商业口碑除了自己就就业业脚踏实地来干以外，更需要朋友、客户的帮衬支持，这也是"和能生财"的道理。柯五一说，虽然他朋友众多，但无论遇到何事他总是和颜悦色解释沟通，有时宁可自己吃亏。吃得起亏也是福分。柯五一就是这样理解他的事业和人生的。

12. 作为优秀的厨师

柯五一将迎来他的人生的又一个转折点。

1985年，柯五一调到温州华侨饭店担任厨师。

华侨饭店是温州当时最好的一家宾馆，非常豪华，位于信河街上，坐落在松台山下，属于国营单位。笔者还记得当时华侨饭店的经理是一位南下干部，就住在我家隔壁，他的儿子几乎与我同龄，经常带我去饭店玩耍，最令我惊奇的是饭店里的抽水马桶，要知道当时的温州人家还没有用上这么好的先进设备，家家户户都是木马桶，需要每天夜里端到家门口，等凌晨的掏粪工来运走。清晨，整座城市几乎都是刷洗马桶的水声和刷子声。

这时的改革开放已经进行了六七个年头了，社会一派欣欣向荣的局面，温州更是被列为中国十四个对外开放城市之一，小商品市场林立。服装、打火机、纽扣、灯具、眼镜、皮鞋、电器等产业发展迅猛，全国各地的商贩都到温

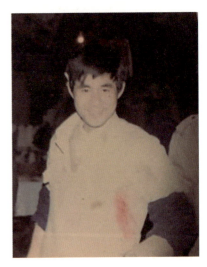

1984年柯五一在温州华侨饭店担任厨师

州来，港商、台商、外贸商也云集温州，因此，也带动了温州的旅馆、饭店等产业。温州的餐饮业迎来了第一个高潮，瓯菜也渐渐成为一大体系，受到人们的关注。国营单位也响应中央号召，开始实行承包制。有些工厂的车间被承包，有些甚至整个工厂都承包给有能力的工人。饭店也不例外。华侨饭店也推出了承包制，柯五一在调入华侨饭店半年后，即与好朋友曹国荣、阿清老师、鸿昌老师等四人一起承包了饭店的"花园厅"，从此开始了自己的创业之路。

华侨饭店在二十世纪六七十年代即为温州一流的高档饭店，能承包这样的饭店，起点就很高。他们的管理和厨艺，很快就赢得了温州人的口碑。人们以能在这百花厅里请客为荣耀，出入其中，便是身份的象征了。

如今的华侨饭店"花园厅"修葺一新，颇有古典庭院之风，仿佛轩窗向水，绰影浮光。男女老幼，济济一堂，街谈巷议，蜚短流长，觥筹交错之间，自是盛景如幻。

柯五一的承包合同签了三年，这三年，让柯五一有了更加坚定的信心，他看到了改革开放带来的商机，也看到了自己人生的奋斗目标。他不再满足于当一个厨师这样的人生定位，他在承包的过程中尝到了当老板的滋味，也学到了管理的知识——他所有的知识，几乎都是在实践中得到的。他开始学会分析市场，分析形势。在他将近不惑之年，他不再徘徊不前，而是断然做出一个决定：何不自己经营一家酒店？

于是在三年的合同期即将结束之时，他回家与爱妻商量。对于他的妻子张丽华来说，丈夫的任何决定，她都不会反对。不反对是因为她不仅觉得这个坚毅的男人有着坚强的意志和决心，而且，他的脾气也是倔强的，她知道自己的反对实际上并不起作用。她也相信他会成功。但在三十年后的今天，她说的一句话却是："嫁鸡随鸡，他要干的事业，我一向只有跟随。"这是一位好妻了。

1988年，柯五一在自己的家里，开出了"益香厅"餐馆。

从1978年到1988年，国家实行改革开放政策已经整整十年，对于柯五一来说，他在这十年中仅仅为自己做了准备，他的起点实际上比别人要晚了。

温州人有事事争先的传统，尤其是它的商业嗅觉，只要国家政策允许，温州人就敢为人先，敢于冒险。

这十年，温州早已发生了天翻地覆的变化。永嘉桥头的纽扣，仅仅是卖小小的纽扣，竟就成为了全国最大的批发市场，令世人惊诧不已，不仅让经济学家刮目相看，也引起了文学界的注意，尤其是同样出自温州八仙楼的著名小说家林斤澜先生，对故乡发生的事更是深有感触而写出了《矮凳桥风情》。这部小说写的是整个温州的乡土风情，虽然矮凳桥在温州鹿城区的飞霞北路，但故事背景却是位于瓯江北岸的永嘉桥头纽扣市场。同时，乐清的电器市场也形成了规模。

柯五一每天都看报纸，他在这些事件中慢慢地思考自己的道路。在起初，他还只是安心想当一名优秀的厨师，靠自己的手艺和勤劳，多做些私活，多积蓄一点小钱。但随着政策的利好，柯五一的胆子也就大了起来，也才有勇气承包华侨饭店的餐厅。

改革开放已经十年过去了，柯五一的目标也明确了。

他的翅膀硬了。

13. 开出自己的第一家餐馆：益香厅

万事开头难。要开出一家自己的餐馆谈何容易，首先碰到的就是场地问题。那时的温州主城区还是一座旧城，街道逼仄，屋宇简陋，大的现代化建筑没有几栋，而且都是国营企业或国营商业场所，房产租赁业还没有起步。

柯五一决定在自己家里开张。这是他的婚房，也是他的两个儿女出生的地方，是他生活的全部。柯五一拆了自己的床，在后面的邻居家租了一个10平米的小房间作为自己的起居，儿女睡床，夫妇俩就睡在活动沙发上。然后在家里摆了三张桌子，在自家的厨房里摆开了阵势。"白天当老板，晚上睡地板"。这就是当年温州人的一种典型形象。

开一家餐馆，首先就是要取个美好的名字，要寓意吉祥，还要利市。柯五一将自己名字的最后一个字取来，作为谐音，用"益"，这是一个利市的字，既有"利益""增长"的含义，又有"公益""好处"之意，同时还有"充盈""美好"的延伸意义，这是一个好字。而对于美食来说，重要的是"色、香、味"俱全，其中"香"是一个重要的元素，"色"和"味"可以用"益"字代替，而"香"是无可替代的，于是柯五一就给自己的餐馆取名"益香厅"。

益香厅开张之日，就迎来了众多朋友的捧场。那是1988年12月18日，柯五一永远不会忘记这个日子，它应该铭记在他的个人历史册中。广场路175号103间，对面是温州戏院，电话：44066。柯五一请了两个厨师：李峰和晓东，又请了两个服务员，一位是来自永嘉的阿花，一位是来自文成的阿华，多么相似的两个名字，常常会叫混了。冷盘是另一个厨师阿建带一个徒弟，加上他夫妇俩，妻子张丽华管财务，他当老板，负责一切。这样就有了六个员工八个人的事业。

邻居们对柯五一的决定，没有一个人反对。柯五一在这个宿舍楼里的十年，与大家的相处总是和气的、热情的、互助的，他从没有和邻居有过一次红脸和争吵。同时柯五一也是一个有能力的人，他无需和人争执。柯五一讲义气，他认为邻居就是他的朋友，因此只要邻居有需要，他都热情帮助，而若是邻居有过错，他也不认为是人家故意的刁难，从来都是怀着美好的愿望宽宥一切。那时的居住条件不好，屋宇的建造也是相当简陋的。居住在楼上的人家有时不小心翻了马桶，满屋的秽水甚至漏到他的屋里，柯五一也是从无怨言，甚至帮助邻居清理污染。有时二楼的邻居扔烟头，甚至烧了他晒在院子里的衣服，柯五一也没有怒火冲天去跟人家吵架，反而总觉得人家是无意的，是不小心，只要好好和别人说，相信是个人都会有所愧疚，以后就都会注意了。柯五一的好心当然也就换来别人的真心，直到他在自家屋里开出餐馆，邻居们都来帮忙了。所以说，好人一生平安，这是有道理的。

让柯五一记忆犹新的是1981年，温州遭遇特大台风，狂风暴雨让整座温州城顿时水漫金山，洪水涌入家里，床都浮了起来，储存的煤球都浮到了街上。那一天他与妻子都去单位上班了，两个孩子却在家里，幸亏邻居蔡祖兴在，帮助照顾两个孩子不受到惊吓。

对于柯五一来说，他创业的第一个贵人当然是姚荣生。他是柯五一哥哥的朋友，当时他正在一家职业学校里当老师，这家职业学校有烹饪专业，因此他就叫了他的学生来当厨师，正好也可以作为学校的实践课程。开业之初，最要紧的就是人手问题，姚荣生的帮助实在是"及时雨"。

另一个乐意帮助他的人就是邻居蔡祖兴，店里客人多的时候，房间里的三桌坐不下，他就在蔡祖兴家再摆两桌。柯五一是知恩图报的人，至今三十年来，他都记得在每年的年底给蔡祖兴送去鳗鲞等年货，以表谢意。

第一天开业，柯五一还记得有两道菜，曾经大受欢迎，一道是"梅花牛尾"，一道是"鸭戏新波"，那是他精心为客人准备的两道花式菜，也就是牛尾巴和全鸭，但在做法上多有创新，一个是形象，一个是味道，都让人印象深刻。直到现在，这样的花式菜还经常在他的餐厅里出现，成为人们对温州瓯菜的最真切的记忆。

柯五一不仅自己挣钱，也给邻居带来收益。开业不久，生意渐渐就红火起来，自己家的三桌再加上蔡祖兴家里的两桌，根本坐不下，于是又在别的邻居家摆桌子，每桌给邻居五元，算是场地费。大家都乐意，因为那时的收入，工人一个月也就百来块钱，还算是多的，一般职员也就每月六十元，再加二十元的奖金，那都是要抱着枕头笑得好运了。邻居们也是乐享其成，这可是无本的生意，不做白不做了。大家纷纷腾出空间，给柯五一来摆桌子。

益香厅没过多久就赢得了名声，也迎来了温州市第一场在酒店举行的婚宴。从前的婚礼，温州人基本上都是在自己家里举行的，而这一次，柯五一接到了一个史无前例的单子，温州著名南拳师傅陈鼎新要在他家为女儿办一场婚宴，总共十八桌。这份订单对柯五一来说简直就是一场巨大的考验。

陈鼎新生于1946年，比柯五一大四岁，也是麻行一带的人，因此与柯五一熟悉。他16岁就拜在南拳大师陈一虎门下学习虎形南拳，二十岁就出教了，门下弟子众多，在温州武术界名声显赫。所以他要为女儿举办婚宴，来祝贺的人特别多。他知道柯五一的酒店办得风生水起，也是有意来为这个小弟捧个场，毕竟他的餐厅规模那么小，场地还十分简陋，与华侨饭店比那是差远了。而对于柯五一来说，1988年的这场婚宴意义重大，他说，正因为有了这场隆重的婚宴，才有三十年后的"溢香厅国际宴会中心"，可见陈鼎新的订单在柯五一心中的位置。

为了办好这场婚宴，柯五一四处租借桌椅板凳，早早与邻居商量，预订他们的居室，硬生生在那职工宿舍楼里摆下18桌。婚礼那天，柯五一亲自下厨指挥，生怕一丝一毫的纰漏。这场婚宴，也为"益香厅"赢得了巨大的名声，大家口口相传，都说鼎新老师女儿的婚宴都在他那里摆，真是了不得。

"那应该是当时温州人在酒店里举办的第一场婚宴。"柯五一说。他非常庆幸自己当时把握住了机会，小店也因为婚宴的成功很快就名声远扬，吸引了越来越多人来益香厅摆喜酒。

柯五一由此总结出一条经验：商业口碑除了自己兢兢业业脚踏实地来干，更需要朋友、客户的帮衬支持，这也是"和能生财"的道理。柯五一说，虽然他朋友众多，但他面对纠纷，从来没有想过以暴力解决，总是和颜悦色解释沟通，有时宁可自己吃亏。吃得起亏也是福分。柯五一就是这样理解他的事业和人生的。

当年，柯五一最著名的一道菜是烧全鸡，从宰杀到出锅，只用时15分钟。曾经有人打赌，认为这是不可能之事，结果亲眼看了柯五一现场制作，而且口味香浓，不得不佩服。1988年，温州许多新兴老板都经常出入"益香厅"，其中有"冷做三条龙"淑龙、金龙、忠龙。也有办开关厂的阿进。阿进是潘挺宇的哥哥，他1985年就到上海做生意，此时已是成功的企业家，潘挺宇不但是温州著名南拳师傅，也是后来的"挺宇集团"董事长，都是术业有专攻的成功人士。

温州人过去取名字，有一个有趣的传统，如果是男孩子的话，一般老大都叫"龙"，老二叫"虎"，老三叫"三豹"，老四不叫老四，因为"四"与"死"谐音，不吉利，于是就叫"两双"。前面说八字桥头的名小吃中有"三豹的馒头"，这三豹就是这个店主的名字了，一听这名字就知道他在家里排行老三。据说赵紫阳访问温州时，就去吃过他家的馒头。

阿进常去柯五一的餐馆请客吃饭，有一次对柯五一说，你这店名要改改，这"益"字要是加上几点水，风水就更好了，水要溢出来才好。柯五一听了，觉得这主意不错，于是就改成了"溢香厅"，这一改，就沿用了三十年。

第 **7** 章
出国，
一段苦闷的经历

　　世界上总有对员工苛刻严厉的老板，也总有同情以待的老板。成功者，并不因此而成功，但对于员工来说，辞职后还能经常怀念那个曾经的老板，那个曾经劳动过的地方，成为一生美好回忆的地方，是值得我在这里写下来的。

14. 在德国当厨师

德国慕尼黑夏天的夜晚，四围阒然。在德国打工的原温州第五中学校长陈一辉在寂寞的灯下，陪着柯五一一起喝着浓郁的德国啤酒，有一句没一句地聊着各自的心事。柯五一极其苦闷的心，多亏了陈一辉的劝慰，才有了一线人世温暖的光芒照耀。陈一辉总是说点笑话，逗他开心，并总是故意按照德国的习惯，将他的姓氏倒置，叫他"五一柯"，逗得柯五一常常开怀大笑。

柯五一在德国已经待了整整半年。

从1988年益香厅开张，柯五一的生意做得相当成功，但他有了更大的野心，想出国看看，是否还有更好的发展前景，也想给自己长点见识，就像十多年前他只身去黑龙江，长途旅行给他带来了观念的更新，也带来了丰富的人生知识。何况，人穷的时候，在哪里生活都不是问题，而且也没有什么更高的念头，可是一旦挣了一点钱，反而开始想着怎样的生活更有意义，以及怎样的环境更加安全，这些念头一天天滋长。

温州是一个侨乡，温州人四海漂泊的文化传统，是有着悠久历史的。不要说宋元之际温州生意人手艺人的足迹曾遍及东南亚和日本，近代以来，温州人的足迹更是远至欧美、非洲等地。二十世纪二三十年代，温州的手艺人远渡重洋，在新加坡、马来等地做生活，尤其是木匠、油漆匠、木雕等。更多的则是厨师，他们常去的地方是巴黎和罗马。在改革开放的八十年代，温州人又掀起了一股移民风，当然主要的目的地是欧洲和美国。

柯五一早年的搭档黄德荣，在柯五一的益香厅开张的1988年就去了德国，在慕尼黑的一家中餐馆当厨师。想当年他们一起承接婚宴干私活，一路走来始终相帮衬，结下深厚的友谊。温州人重情义，对朋友有时胜过对家人。柯五一起了这个念头，黄德荣就为他担保，找到慕尼黑一家广东人开的中餐馆老板，介绍了自己的这位莫逆之交，随后就来了他们的聘书。柯五一义无反顾地将自己的小餐馆收拾干净，独自飞往德国。在温州人看来，能够出国，是一件值得庆贺的事，出国，就意味着发财，意味着上升，意味着将来衣锦还乡的荣耀。因此，凡有亲友出国工作或定居，亲友们都是十里相送，一直送到上海虹桥国际机场。柯五一也不例外。人们都期待着将来，他也能带携他们一把，能分享一份他的荣耀与财富。殊不知去国者在异国他乡谋生之艰难与孤独寂寞。

那是1990年10月，德国早已进入寒冷的冬天。

飞机到了德国的法兰克福国际机场，柯五一一下子就蒙了。当年去黑龙江，虽然遥远，毕竟是在中国，如今到了异国他乡，语言不通，四顾茫然，偌大的机场，他四处找推车，等推车来了，却不知道该去哪里提行李，他好不容易找了个会说中文的中国人，才知道可能因无人认领，他的行李会被送到行李房。可是在哪一个行李房呢？法兰克福有三百张扶梯，他上上下下两个小时，才终于找到自己的行李。这是他一生里最难堪的一次经历了，也注定了他在德国的生活将无比艰难。走出出口，黄德荣早已在那里焦急地等候了很久，他上了黄德荣租来的车，那位德国司机以两百迈的速度一路飞驰，开往慕尼黑。

1990年注定是一个非常特殊的年份。这一年的八月爆发了海湾战争，为中国申办第十一届亚运会成功做出巨大努力的亚奥理事会主席、科威特的法赫德亲王在战争中不幸去世。该届亚运会于9月22日~10月7日在中国北京举行。根据当年的报道，这是中国举办的第一次综合性的国际体育大赛，来自亚奥理事会成员的37个国家和地区的体育代表团6 578人参加了这届亚运会。中国派出636名运动员参加了全部27个项目和2个表演项目的比赛。中国台北时隔12年后，作为中国一个地区的代表队重返亚运大家庭。战争的炮火和象征和平的运动会火炬，一起在这个纷争不断的大地上熊熊燃烧。柯五一每天都关注新闻，也由此记住了自己出国的日子，他一下子感到了迷茫，不知道该在何处才能寻找到属于自己的迦南——那个流着牛奶和蜜的自由美好的土地。

刚到德国的那段时间，柯五一尚觉新鲜。慕尼黑是一座古老的城市，作为德国巴伐利亚州的首府，它是仅次于柏林和汉堡的德国第三大城市，分为老城与新城，总面积达310平方公里，人口百余万，因此被人们称作"百万人的村庄"。是生物工程学、软件及服务业的中心，同时又保留着原巴伐利亚王国都城的古朴风情。阿尔卑斯山北麓的伊萨尔河，穿城而过，河上的风发出呜呜的声音，让柯五一觉得德国的冬天尤其寒冷，而那个他所憧憬的德国冬天的童话，却注定不会发生。

柯五一抵达慕尼黑的时候，这座城市刚刚结束了他的闻名世界的"啤酒节"，这个节日起源于1810年10月12日，当时是为了庆祝巴伐利亚王子路德维希一世和萨克森-希德伯格豪森公主特雷莎的婚礼，两百年来从没有间断过。

但这里依然有很多值得柯五一去观光的地方。在8世纪，这里就出现了一个本笃会修道院，因此慕尼黑这个地名德语中也有"僧侣之地"的含义。此外，位于内城的维特尔斯巴赫王宫也是一大景点，融合了文艺复兴、巴洛克式、洛可可式和古典主义的风格，曾经是慕尼黑的城市宫殿和巴伐利亚公爵、选帝侯和国王的行宫，这座恢弘壮丽的官邸由落成于1385年左右的水上城堡衍变发展而来，彰显着维特尔斯巴赫家族的艺术鉴赏力和政治主张。这个建筑群包括10座宫廷，博物馆则由130个展厅组成，被视为当今欧洲最重要的宫殿艺术博物馆之一。

对于德国的观感，让柯五一感受最深的倒不是那些高楼大厦或古老建筑与艺术，而是普通人的文明素质。那种高度发达的文明礼貌也深深影响着他，让他深受学习。有一次，餐馆到了一批食材，货车将货物卸在门口就开走了，而当时工作繁忙，他与伙计不能及时将货物搬进屋里，由此一直在担心这些散置在门外老半天的货物会不会被人拿走。凭着他在国内的生活经验，多半是要被

柯五一1990年在德国

恶意偷走了。伙计告诉他，在德国是不可能发生这类事件的，结果到了晚上，等他们有空出来搬运货物时，果然原封未动地摆放在那里。

但是，所有的新鲜和美丽，在谋生的重压下，一切都变得无足轻重起来。

柯五一很快就进入了工作状态。

在那家广东人的餐馆里，他一天有时工作竟达十多个小时，除了睡觉，他一直在干活，搬货、卸货，清洗、改刀，上炉、出菜，与其说他独当一面，不如说他简直就是包揽一切。德国的炒锅又大又沉，炉火很旺，不是一份一份做，而是一做就是十份二十份。好在柯五一从小就是吃苦的料，身体结实，但

即便这样，他还是感到非常吃力，到了晚上休息时间，他早已累成鼻涕一样，倒头就睡。

与他一起的伙计陈一辉，是最让柯五一敬佩的人。这位老兄当年已五十来岁，曾任温州第五中学校长，是一位温文尔雅的知识分子。可是他到了德国，所有那些知识变得毫无价值，他在广东人的餐馆做工，什么也不会，只能当一个洗碗工，打杂。他什么脏活累活都干，任劳任怨，简直就是一个铁人，而从来不把自己当做一个知识人，一个受过良好教育的人。下班后，也是他最为乐观开朗的时候，喝喝啤酒，唱唱歌。幸运的是，他将挣得的德国马克几乎都存了起来，那时的德国马克与人民币的兑换比率是1：8，到退休时，他倒是带回了一笔可观的养老金。

柯五一一个人住一间屋子，寂寞的时候，除了和陈一辉聊聊天，都是黄德荣陪伴他。柯五一向来也是节俭的人，他不舍得花钱，这些钱可都是辛苦换来的，这种辛苦的程度，可以说胜过当年他与父亲半夜卤制熟食的那些日子。因此，他甚至舍不得买一瓶可口可乐，口渴时，就在家里喝点开水。

广东中餐厅的邓老板家里有一棵苹果树，到了摘苹果的日子，邓老板邀请所有员工到家里一起摘，柯五一可高兴了，他说，那一天他吃了世界上最好吃的苹果——不是邓老板家的苹果好吃，而是他已经大半年没有吃到一个新鲜的水果了。那些硕大的苹果，在充足的阳光下红透了，伊萨尔河上的风，那天让柯五一觉得都带着苹果的香气。

对于柯五一在自己餐馆里的工作，邓老板是极为欣赏的，不仅在于他吃苦耐劳的秉性，更在于他的厨艺很受当地人的欢迎。温州瓯菜的口味，与西方人是有接近的地方的，尤其是海鲜一类，瓯菜讲究清淡，注重原汁原味，不轻易用调料改变原料的真实滋味，并且还善于挖掘发挥原料本身的味道，加以升华，所有的调料都是为食材服务的，而不像有些菜系比如川菜，采用大量的麻辣调料，反而是让调料成了主角，食材本身倒更像是配角。当然，各有各的风味，在吃食上没有谁优谁劣，习惯与风俗决定一切。但就瓯菜来说，与广东菜也是相当接近的，因此，这家广东餐厅在德国慕尼黑的生意是颇为兴隆。

邓老板看重柯五一，于是就为他做担保，建议五一去办居留证。但柯五一考虑再三，还是决定回国创业。最重要的原因是，他的身体吃不消了。年过四十，他已不是当年的小伙子，这大半年的密集劳动，让他身心疲惫。他内心有个声音对他说：不如归去。因为假如这样干，即便十年中能够积攒一点钱，身体也垮掉了，想在德国自己开一家餐馆，照这样的干活，恐怕只是遥遥无期的梦想。柯五一是想干一番事业的人，不是要在这里挣一份居留证，得一份养老金，将来在异国他乡享受他们的国民福利待遇。他内心熊熊燃烧的是创业的雄心。

于是柯五一拒绝了邓老板的美意。邓老板的妻子在背后说，这个阿一真是一个神经病。因为在她看来，还从来没有一个中国人千辛万苦去了德国并且可以办成居留证而不去办的。这一张居留证，就代表着你将成为德国人。意味着你将成为文明社会的一员了。然而柯五一全然拒绝。

柯五一要回国的决心，一旦想好了，就义无反顾了。他知道，他只有回到祖国，才会有未来，反正，若说贫穷，没有人比他的过去更贫穷了。在德国的这大半年，他就当作是去留学，毕竟，这段工作也是为他打开了思路，拓展了见识。有了这段经历，也让他在今后的创业中，增加了对员工的理解和体谅，因为，他就曾经是这样的一个员工。

辞职之后的那一个月，是他最苦闷的日子，原先他独居一室，现在他只有搬出来，暂时住在陈一辉的寝室里，等待回国。寂寞与孤独就像一个巨大的黑洞，吞噬了他的心灵。若不是陈一辉经常逗他，陪他喝点啤酒聊聊天，他都不知道这漫长的一个月会有多漫长，这黑暗的一个月会有多黑暗。

此后三十年，凡是柯五一的员工辞职，柯五一都极为关照，无论他或她辞职的原因是什么，他都深切理解在辞职后的那段时间员工的心情。这种感同身受的理解与体谅，就来自于他在德国的经历，可以说弥足珍贵。有些员工是工作不好，被管理层辞退的，有的是因为与同事不能相处而辞职的，有的是另谋高就的，不管怎样，柯五一都一律负责任地处理去职者，该给的报酬绝不拖延时间，该给人家以时间的，绝不逼迫催促，让人可以从容离开，带着温暖离开。

世界上总有对员工苛刻严厉的老板，也总有同情以待的老板。成功者，并不因此而成功，但对于员工来说，辞职后还能经常怀念那个曾经的老板，那个曾经劳动过的地方，成为一生美好回忆的地方，是值得我在这里写下来的。

第8章

回国再创业：
溢香厅香满温州

　　但是不管怎样，柯五一的溢香厅团队还是相当出色的。单就厨师李峰为例，他的冰箱里，雌雄野生黄鱼，斤两、条数、月份，都分得清清楚楚。在1978年的黄鱼大量捕捞之后，野生黄鱼已经相当罕见，这时的价格已经变得相当昂贵了，成为酒桌上的奢侈品，胜过了从前富贵人家宴席上的鲥鱼。

15. 溢香厅，他重操旧业

1991年，回国后的柯五一在温州蝉街开出了"溢香厅"。他开始重操旧业。

柯五一还记得，他出国的时候，亲友们十里相送，热闹非常，而等他回国时，在机场连个接送的人都没有。俗话说，富贵深山有亲朋，贫穷见面不相认。大约人人都觉得，柯五一这回是走投无路了，他去了德国竟然呆不下去，肯定是被炒了鱿鱼，况且他在德国没有挣到一分钱，就这样身无分文地回到了温州，简直就是在黄金堆上睡了一觉，回来连个金粉也不沾身的样子。世态炎凉，也算是让柯五一感受到了。

重整旧山河，对于熟读《三国演义》的柯五一来说，也算是一场考验吧。

这一回，柯五一准备大干一场，不再在自己那三十平方米的蜗居开酒店，那是螺蛳壳里做道场。

柯五一在蝉街看到中侨大楼三楼有一家酒店倒闭了，他要将其盘过来。

蝉街位于松台山麓，因蝉河而得名，虽然现如今人们早已看不到蝉河的影子，但在一千多年来，这里流着一条清澈无比的小河，两岸杨柳依依，夏天更是知了声声，绿荫蔽日。也有人说此街因禅寺而得名，唐时在松台山麓有净光禅寺，因街处禅寺之前，故名禅街；又一说永嘉大师玄觉（665—713）回永嘉（今鹿城）后，倡导天台、禅宗融合之说，与当时显名于海内的南岳怀让、青原、行思等同列禅宗慧能门下，为五大宗派之一。四方高人名士来永嘉朝拜问道的络绎不绝，通往松台山的一条街都挤满了人，这就是禅街的来历。后因谐音而成蝉街。但我相信前一种说法是更确切的，而蝉河之名的来历，倒是颇可考证一番的。

1994年的蝉街
来源：《温州城市回眸》 孙守庄 摄

不管怎么说，这条街是古老而幽静的。开在这中侨大楼上的酒店要倒闭，而柯五一却偏偏要选择这样一个闹中取静的街面，在人家倒闭的酒店里重新开张，对此前景人人都不看好，而且"血"的教训就在前面摆着，所以，看起来又是他的倔脾气在起作用了。而实际上，柯五一不是没有深谋远虑的，首先是转让费便宜，其次是租金也不高。再一个是，人家的厨房设备等都是现成的，不用再花大力气和资金去打造。另外，因为有别人的"血的教训"在先，大家都不看好这店面和地块的经济效益，所以可以谈判的余地很大。再说了，柯五一坚定地认为，别人开不了，不代表他开不了，任何事业，靠的是经营者的脑子，而不是什么街面什么大楼。就像俗话说的，酒香不怕巷子深。何况蝉街虽幽静，却位于闹市，整条街也就两百多米长，中间还有一座温州第八中学，来来往往的人是络绎不绝的。

中侨大楼三楼可以摆下四十桌，柯五一用一万元将其盘下来，场地租金是每年5 500元。

这店面是柯五一的朋友陈鸿志首先提供信息的，谈判也都是陈鸿志陪着，在与房东讲租金的时候，陈鸿志就帮柯五一提出一个合理的建议，他说，合同签三年，这个每年5 500的租金，在三年中这样分摊：第一年租金5 000元，第二年5 500元，第三年6 000元，这样每年都有递增，岂不很好？而对于经营者来说，也可以减轻开张的资金压力。

说实话，柯五一口袋里是一分钱都没有，而这家餐厅要开下来，光转让费和租金以及人员工资，就要四万元。陈鸿志义无反顾地借了两万元给他，好朋友曹国荣又借了两万。开业时，连桌椅板凳都是陈鸿志帮忙，或借或送，终于在1991年的2月12日，农历12月28，溢香厅开业大吉。

新开业的溢香厅，算是一家有模有样的酒店了，柯五一俩夫妇俩各身兼五职：柯五一的职务是：董事长、厨师长、采购员、推销员、公关员；妻子张丽华的职务是：总经理、预订员、收银员、酒水员、仓库管理员。也就是三千年来中国传统的夫主外妇主内的分工特色。

那时还使用算盘。张丽华打算盘是出了名的，既快又准，胜过计算机。后来有了小型的计算器，那小小的键盘上面被磨得铮亮，连字迹都没了，可是这对张丽华来说毫无妨碍，所有的数字了然于心。如今早已是电脑操作，但电脑有时还会出错，而张丽华的算盘还在心里，打得比电脑还清楚。

新开业的溢香厅员工们合影

　　溢香厅开业不久，生意就非常火爆，人们发现这家餐厅的味道十分地道。这正应验了柯五一的判断，不是这条街不能开餐馆，而是：什么样的经营者就会带来什么样的生意。他大胆的决定为他赢来了家人和朋友的信任，人们相信，柯五一的确是会做生意的人，而不仅仅是个厨艺高超的技师。生意好的时候，以其中一天为例，中午十二点有一个包场的预订，下午三点还有一个包场，到了晚上六点，又一个包场。如此的连轴转，光服务员整理桌面就要不少时间，还不包括厨房出菜和客人吃好喝好，可见当时效率之高。温州人普遍做生意，人们对生意场上的事，总能抱有同情的理解，所以，温州的客人不会占着酒店的服务时间，知道他家的生意好，这样的连轴转，大家也是相安无事，吃好喝好之后，也不会多耽误酒店的时间，说走就走。人们说，温州客人的素质好，好就好在相互的理解上。温州人的性格，既有南方人的细腻，也有北方人的豪爽，而且懂得相互帮衬的道理，这道理早在北宋时期的永嘉学派里，就提出来了。所谓义与利的关系，不是如宋明理学所谓完全对立的关系，而是相互依存的关系。

虽然这么说，但也总有不讲理的人，总有野蛮的、粗鲁的、自以为是的，甚至认为自己有强大势力的，酒店面对的是四方客，人家挑你，你却不能挑人家，来的都是客。柯五一说，做生意，讲的是道理，挣的也是有道理的钱，遇见闹事的、醉酒的、不服气的，他总是亲自出面，好言相劝，能吃亏的，他都忍。

能忍者，必成大业。这是古话。

16. 鱼骨鱼骨

柯五一善待员工，他总是亲自下厨为员工做餐。他也是节俭的人，那些鱼饼、鱼丸做后剩下的鱼骨，他舍不得扔，就想办法也给做出好吃的味道，留下来给自己和员工吃。他用面粉裹了鱼骨，在油里炸酥，香喷喷十分可口。不过吃了一段时间，员工吃腻了。有一天柯五一突发奇想，干脆将炸鱼骨作为特色菜推荐给客人吃，结果大受欢迎，冷盘间里点这道菜的客人特别多，甚至到了供不应求的地步。其他酒店看到溢香厅的鱼骨生意竟然这么好，大家都学着做，从此温州的各大酒店里就都有了这道菜，以至于如今温州的菜市场里，鱼骨卖得比鱼肉还贵。

就在溢香厅开业不久，转年就到了具有重要历史意义的1992年1月18日至2月21日，邓小平先后到武昌、深圳、珠海、上海等地视察，并发表了一系列重要讲话，通称"南方讲话"。

在邓小平"南方讲话"之后，中国的市场经济立刻就有了长足的发展，温州的国民经济翻了一番。对于柯五一来说，他的直观体会就是，他的溢香厅在1991年开业的时候，一桌全鸡全鸭全蹄的传统瓯菜大餐，价格是400元，而到了1992年就成了800元，足见当年的生产力发挥的能动性，十分惊人。

但是不管怎样，柯五一的溢香厅团队还是相当出色的。单就厨师李峰为例，他的冰箱里，雌雄野生黄鱼，斤两、条数、月份，都分得清清楚楚。在1978年的黄鱼大量捕捞之后，野生黄鱼已经相当罕见，这时的价格已经变得相当昂贵了，成为酒桌上的奢侈品，胜过了从前富贵人家宴席上的鲥鱼。

溢香厅在蝉街开了三年半，从1991年到1994年5月，这是柯五一人生的第一次辉煌时期，他挣到了第一桶金，跻身于温州的成功企业家行列。

1991年，就餐客人在溢香厅中侨店题字匾前合影
（书法题字为温州知名书法家：金字凡、甘端华、仇云华）

第**9**章

新溢香厅，引领
温州美食时尚

柯五一总结说，这十年是他创业的十年，他为自己塑造了一个成功的餐馆老板的形象。

但这远远还不够。这不是他的终极目标。他还在谋求更大的发展。他不仅要引领这个城市的饮食品位，他还要影响这座城市的生活品位。打造自己的品牌，也是打造这座城市的品牌。

17. 新溢香厅

柯五一去看望他的妈妈。

自从他父亲去世后，他很久没有去看望自己的母亲。不管过去的生活怎样坎坷，母亲永远是母亲，骨肉之情胜过一切的磨难纷争，他依旧想成为一个孝子，尽到一份为人子的责任。过去，生活的穷苦与艰难，让他无能为力。如今他已拥有了成功的事业，尽管事业不大，终究也算是拥有了一定的财富，而财富也就意味着更多的自由与能力。现在，他可以同家人分享他的成就之喜悦了。他第一个想到的是，把母亲接到自己身边。

说起往事，母亲总是歉疚地流下眼泪，告诉他当年离去的不得已，政治的压力让人看不到生活的前景，她的选择，只是一个普通女性对自己唯一的保护。对于儿子，她是放心的，毕竟男人可以承受更多的困苦，总有一天，他们能够成长为一棵大树。现在这棵树，就立在她的面前。她感到欣慰。

柯五一聘请自己的妹夫来担任自己餐厅的经理。一家人又走到了一起，这曾是他多年前梦寐以求的快乐。所谓的成功，对于柯五一来说莫过于此了。

温州的旧城改造始于1987年，并将人民路作为旧城改造的试点。这条马路原先是永嘉古城的南城墙，城墙拆毁后改造成一天东西走向的大马路。在那个时代，温州地处东南沿海前哨，国家没有投资建设的大规模计划，而温州因

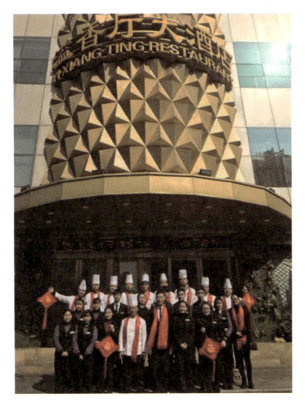

溢香厅人民路大酒店员工合影

为改革开放带来的经济效益显著，人们渴望发展，但缺乏国家投入资金，怎么办？于是有关部门提出了不依赖国家投资，通过房地产业的开发，推行住宅商品化，达到改建区域内城市基础设施的目的。1988年3月，人民路改建工程率先从市区三角城头开始。这是温州当时旧城改造中最大的建设工程。到了1994年，人民路已逐渐成型，并呈现出现代城市的特征。尽管在这条大马路的改造中表现出许多的历史局限性，如今看来整条大道是如此狭窄而拥挤，而且建筑与设施依旧停留在较低的档次，但在当时看来，似乎足够摩登了。在人

溢香厅人民路店员工活动照片

民中路的金煌大厦，柯五一看中了二层700平方米的空间，于是他决定将其买下来。柯五一似乎看到了这条现代街市的无限商业前景，也解决了餐馆的场地问题，如今拥有了自己的房产，他不需要与任何房东打交道，为了房租而煞费苦心地谈判。对于房地产业，柯五一并没有更多的概念，他只知道，没有了租金的压力，他可以更好地将自己的餐饮服务做好。

经过半年的装修，人民中路金煌大厦里的新溢香厅随即开业。1994年5月1日，鞭炮声响彻街头，灯笼高挂，横幅飘扬。柯五一拥有了一家真正属于自己的酒店了。

温州人民路的改造在当时成为全国的旧城改造样板，但多年之后回头看这段路的建设，还是给温州人的"乡愁"抹去了最初的记忆。流经城外的温瑞塘河、小南门码头、花柳塘河等，都是温州曾经的美好记忆，从前去南白象、茶山、仙岩乃至瑞安城关，都是从这里上船的。如今被一整排大型建筑所阻隔、遮挡，身后的小河虽然依旧静静地流淌，但人们再也看不到来自水乡的那一道美丽的风光。

温州人民路的改造进行了十年，从1988年到1998年，刚好也是柯五一创业的最初十年，其中经历的坎坷与反复，"不足为外人道也"，辛酸与悲苦是别人看不见的，人们看到的是，柯五一从一无所有到拥有一切的辉煌，其间仅仅用了十年。1994年5月1日，金煌大厦的新溢香厅开业，人民路依旧还在如火如荼的改造与建设中，但一座现代化的新城市雏形开始展现，而柯五一的溢香厅，照旧是人声鼎沸，宾客络绎不绝。酒店门口的红地毯换了一张又一张，而投入的资金很快就回笼。柯五一的野心开始不再满足这样的日常经营，他的想法是，要是温州各条大道上都闪耀着溢香厅的霓虹灯，岂不更美好？

三角城头一直往东走，穿过小南门、大南门，直到花柳塘，人民路的建设在1998年得以完成。新的大厦鳞次栉比，一些楼盘除了原先的拆迁户和一些购房户入住外，大面积的商业用房还是有些空置的，毕竟囿于资金，民营商业机构很难吃下大面积房产。也有些民营企业则在观望，他们对这条新的大道要么缺乏信心，要么还在等待，因为有些地段还是人流量不大。温州人习惯了小城市的生活，习惯了狭小的街道上那种人来人往的热闹，而人民路在当时看来是颇宽阔的，反而让人觉得不习惯。

柯五一照常每天到菜市场亲自进货，每天的菜品都是他亲手准备的，他对所有客人的口味可以说非常熟悉，或者说，他对整个温州人的口味了如指掌。南门菜市场的黄鱼贩几乎都是他的知音，柯五一在那里一站，就有和他们说不完的话题。他们还曾说起当年人们在大海里敲梆捕捞黄鱼的情景，那时的东海，黄鱼蜂拥在深深的海底，人们将黄鱼叫做"黄花"，黄花发的时候，海浪卷起漩涡，卷起黄色的花浪。船队乘着海浪向大海深处蜂拥而去，浪头推开，人们像是可以听到鱼鳔的歌声，发了情的大黄鱼衔尾而来，雌雄齐鸣在蓝色的绸缎之下。大黄鱼有一个特点，听到海面上的巨大的敲梆声就会像美人鱼听到了王子的歌声，纷纷飞向水面。于是人们齐齐用竹梆敲响船舷，声音的震动抵达黄鱼的家园，它们都弃家而来。1978年，黄鱼被打捞干净了，连同它们的子孙后代。如今，要捞一条野生的黄鱼，那简直就是海里的黄金啊。近日温州作家胡小远出版了他的长篇小说《玻璃塔》，其中有一章"人鱼大战"，讲的就是当年的情景，虽然作者用魔幻现实主义的艺术手法，让这段人鱼大战就像一个神话一般展开，读起来让人以为回到了奥德修斯与塞壬的时代。

说起那些往事，鱼贩们和柯五一齐齐发出感慨，真是岁月如梭，好汉不提当年。说着说着，就聊起了新建的人民路，说起金煌大厦的生意，也说起人民路最东首的积谷山麓，正在建成的街心公园，说起街心公园边上的大楼，那里甚为清静，大楼的二楼原先设计成一座大商场，扶手电梯都已装好，可就是没有商户愿意在那楼里头开铺经营，楼下是一家银行，倒是与人相安无事。说者无意，听者有心，柯五一正想着如何扩张生意，正四处寻觅合适的地盘，于是一个人来到街心公园，在公园边的大楼前静立了十分钟，就决定将其买下，甚至都没有与家人商量。这便是柯五一，在这事业的最巅峰时期，他是这样的一个雷厉风行者，而在他当年替父掌厨时，何尝不也是这样的决然果断。

柯五一断然买下了这层有着近3 000平方米的商场，开发成新的溢香厅。1998年12月30日，位于国信大厦二楼的溢香厅开业。

从1988年在自己家的30平方米小窝里开出只能摆下三桌的益香厅餐馆，到1998年在人民路街心公园旁边开下100桌的拥有近3000平方米的新溢香厅，柯五一的这十年，他完成了自己人生的一次华美的转身。这是属于他的一百倍、一千倍的增长。

　　柯五一总结说，这十年是他创业的十年，他为自己塑造了一个成功的餐馆老板的形象。

　　但这远还不够。这不是他的终极目标。他还在谋求更大的发展。他不仅要引领这个城市的饮食品位，他还要影响这座城市的生活品位。打造自己的品牌，也是打造这座城市的品牌。

第 ⑩ 章
发展才是硬道理

俗话说，打仗亲兄弟，上阵父子兵。柯五一父女的共同努力，让溢香厅有了飞速的发展。柯巴嫩很快就进入了角色，她迅速掌握了餐饮业的运行规律，运用自己所学，在餐饮领域开始注入自己的新思路。

然而柯五一并没有满足于眼前的成绩，他的眼光触及了另一片空白市场。

18. 十分钟做出的人生重大决定

又是孤独的十分钟。

柯五一喜欢独自在十分钟里做出人生的重大决定。

2000年，市政府开始筹划东迁。城市的东面，原是一片田野。

人民路再往东，对于从前的温州人来说就是郊外了。过了灰桥，东门外的洪殿、上陡门一带，村舍炊烟，稻田毗连。过了杨府山，更是一片广阔的田野。但是这些场景，在2000年左右，都已进入了城市扩张的版图之中了。

温州永强机场开通后，机场大道穿过这片田野，连通了城市。洪殿、上陡门，水乡退却，田园变成了大路，新的建筑如丛林生长。温州市政府机构也将迁入这片"新城"。

柯五一站在机场大道旁，看着满目的稻田和这座孤零零的大楼，心里却充满了想象，他想象着大楼的旁边将盖起连片的别墅和高级住宅区，霓虹灯照亮了整条大道，人声鼎沸，车来车往。政府职员、商界大佬，汇集四周。这样的情景在十年后真的出现了，但在那时，没有人会想象到这番情景，人们总是按照自己的想法，觉得，在这荒野般的郊外，到了晚上就黑灯瞎火的，若是在这里开一家大型的酒店，怎么会有生意？

柯五一一声不吭就在十分钟里决定，一举买下了这座近10 000平方米的大楼，开出了溢香厅机场路店。这离他在人民路街心公园新溢香厅开业仅仅才两年。"1 300万元，108个包厢，我一个人定，没有和家人说一句。"新溢香厅大酒店，就这样开始了它辉煌的征程。在很多人看来，这无疑是过于疯狂。但也足见柯五一的霸气和自信满满。对于他的这份自信与霸气，我问柯夫人张丽华女士有何想法，柯夫人却是安详地微笑着说，他的事，他自己决定，反正，他苦的时候我跟着，他风光的时候，我跟着，大不了失败了，他也还是我丈夫，我照样跟着。话虽谦顺，但也可以看出，实际上，一位成功的男人背后，必有一位坚定的女性。如果她反对，哪怕是轻微的责备，都会对站在风浪前的男人形成压力，自信心也会被轻轻地磨损在人们看不见的阴影中。从这点来说，柯五一是幸运的。这也是他的福气。

2002年溢香厅被评为"温州人爱吃酒店20佳"

在柯五一看来，市政府要东迁，这一带肯定有非常好的发展前景，东部将成为这个城市的中心。他由此似乎看到自己当年在广场路开出的第一家店，斜对面不就是市政府大院么？机场路店开业后，果然天天爆满，如此佳绩，几乎是立竿见影地印证了柯五一的判断。"我认定的事情，任何人都阻拦不了。"柯五一在十八年后仍然相信自己当年的眼光。而正是他的这份霸气与独特的商业眼光，引领了温州东部的高端餐饮市场。要知道，新溢香厅在机场路的开业，是这座城市里尚处开发建设阶段的东部第一家大型高档酒店。

19. 培养女儿接班

三年里，连续开出两家大型的餐馆酒店，对柯五一来说是自己最风光的事情，也是发展之路上的两座里程碑。但这两家店开出后门庭若市，火爆的生意在柯五一的预料之中，也在意料之外，同时也让年过半百的柯五一有点力不从心之感。毕竟，奋斗了这么多年，他需要有一个帮手。虽然妻子一直支持他，也为他分担了许多杂务，但经营理念日新月异，时代的变化需要有年轻一代的创新想法，否则，总有一天，溢香厅会像所有其他的老牌店一样走向下坡路。

在柯五一的想法中，发展的前景就是要有迅速提升的能力。品牌的提升，靠的是年轻一代的加入。

柯五一想到了自己的女儿。他给女儿起名"巴嫩"的时候，就寄予了自己内心深处巨大的期望，他想象着黎巴嫩山上的活泉水，这也是他给自己的品牌名字加入"三点水"为偏旁的原因。

柯巴嫩自出生以来，柯五一就一直悉心培养。原先他没有想过让女儿从事餐饮业，倒是希望她能成长为一位拥有新知识新技能的现代女性。因此在女儿选择大学专业的时候，他建议女儿读法律。在他看来，将来的社会是一个法治社会，拥有法律知识才能在社会上发展自己。柯五一陪女儿到北京的中国政法大学，他去看了女儿在学校中的学生宿舍，然后在旁边的五星级酒店订了一个房间。他说，他喜欢"极端"，极端的贫困与极端的富贵之间的转换可以让他真切地体念人生的真谛。他希望也能通过这样的方式让女儿得到一点体验。说实在话，女儿自出生以来，虽然最初的几年他一直处于打拼的状态，但女儿的生活倒是衣食无忧，不像自己的童年那样艰辛困苦。后来的生活，女儿一直被呵护，如今要独立生活了，要在大学校园中与其他所有的孩子们一样过一种简朴的读书生活，因此他决定在这之前，他要给女儿几天极端奢侈的生活。他们在这家五星级酒店住了几天，等学校报到的那一天，他背着女儿的行李，将女儿送入学校，住进学生宿舍。他觉得，这一天，女儿成人了。

女儿柯巴嫩18岁留影

1998年，柯巴嫩从中国政法大学毕业，先进入市区一家知名律师事务所工作，第二年开始在鹿城法院担任民事诉讼书记员，这份工作既安稳又受人尊重。此时，溢香厅的生意渐渐越做越大，名气也水涨船高，柯巴嫩也从原来的普通家庭子女，摇身一变成为众人眼中的"富二代"。虽然生活富裕了，但她对餐饮业并没有什么好感，父亲的忙碌她都看在眼里，越发觉得餐饮是一件累人的事。

机场路溢香厅在2001年5月28日开业，这时柯五一的女儿柯巴嫩已从中国政法大学毕业三年了，一直从事与法律相关的工作。作为女儿，她也从来没有想过要从事餐饮业。在她的心目中，这是一个相当辛苦的工作，非常不适合自己。她希望自己能成为大律师，像所有的白领一样过一种从容不迫的生活，有自己的事业、自己的爱好、自己的空间，自由、优雅、受人尊敬。这是每一个女孩的理想愿景。但她也是有责任感的女孩，看到父亲如此辛苦，而年纪又越来越大了，她也感到心疼。她是真心希望能够帮到父亲，减轻他的压力。

2004年，位于国信大厦的溢香厅刚好面临一个选择：是继续做还是租与他人。父亲认为，溢香厅的品牌还要继续走下去，希望得到女儿和儿子的支持和帮助。说是帮助，其实就是接班，这让柯巴嫩感到措手不及，因为以前父亲开酒店是为了生计，她从未没想到有朝一日会接班，而且之前父亲也从未安排她进行系统学习。

经过几番纠结后，她决定放弃那份在别人眼里高大上的法律工作，最终同意与弟弟一起接手市区人民路的溢香厅酒店，加入父亲的经营团队，成为"家族企业"中的年轻女掌柜。

"当时，父亲直接甩个酒店总经理头衔，说你去干吧，就催着我上任了。"柯巴嫩说，一个外行人突然进入餐厅当总经理，自然面临着很大的压力和许多问题，餐饮对她来说就像一张白纸。

2004年，27岁的柯巴嫩接管了人民路的新溢香厅，成为这家店的总经理。柯五一终于可以又腾出一只手来发展自己的企业了。

对于柯巴嫩来说，接管这样一家大型餐厅，并不是一件容易的事。她说："当时我就像一个被架空的总经理，没有任何餐饮管理经验，遇到了很多令人尴尬的事情。"柯巴嫩在接管之初就对父亲说，能不能让她先实习一下？而柯五一的说法是，"先上车再补票"。这是他当年只身走东北的经历，他居然将这样的经历转换成人生的经验，并让女儿来继承，让柯巴嫩感到不可思议。但她还是按照父亲既定的政策，硬着头皮顶上。这样的日子并不好过，但如今想来，这样难过的日子，正是一种不可多得的历练。

2004年，位于市区人民路的溢香厅酒店刚刚重新装潢，柯巴嫩走马上任后，一度非常不适应，而且面临着一些员工的质疑与试水。

"接手酒店后很辛苦，365天都得面对客人。"柯巴嫩说，之前她在法院工作处处受人尊敬，而餐饮业需要点头哈腰服务他人，这种身份转变带来的心理落差，很长时间才扭转过来。

她每天都要应对各种投诉，还被三教九流的客人故意刁难、嘲讽，这对一位刚入行的小姑娘来说，简直就是一种可怕的考验。要不是她曾在法律机构工作过几年，她真的不知道该怎样应对这些麻烦。她说："当时真的非常痛苦，在法院和在餐饮业里接触到的人，完全是不同的人。"完全不同的工作氛围给了柯巴嫩极大的心理落差，退堂鼓一直在心中激烈地擂响。

如何和客人沟通、如何管理手下员工、怎么打造品牌……虽然迷茫，但是一股不服输的韧劲支撑她继续下去。柯巴嫩通过向店里的老员工虚心求教，同时学工商管理、读MBA充实自己，对餐饮管理逐渐越来越顺手，溢香厅从最初的人民路一家门店发展成为以溢香厅为主线、晏虹、逸华会、阿泩猪头面为副的餐饮多品牌公司。当然，这些都是后话了。

　　柯五一对女儿的工作看在眼里，他当然知道女儿的苦闷，但他知道这是暂时的，他告诉女儿，在餐饮业工作，其实就是服务业，没有高高在上的感觉，不能站直了跟人说话，但也不是蹲下来一点尊严也没有，而是要将身子鞠躬成九十度，这是对别人的尊重，也是表示自己的谦卑。"你要保持九十度鞠躬的姿势。"柯五一半开玩笑地说。也正是这样的亲身示范、谆谆教诲，让柯巴嫩明白了许多道理，也让她懂得父亲的事业之所以成功的原因。在父亲脊梁上，她看到了过去的艰辛和磨难，那些给她提供了丰厚资产的背后，有着怎样的辛酸和无奈。

　　柯巴嫩明白，父亲的初心，并不是简单地让她接管一个餐厅，而是在历练她的能力和意志。这也为溢香厅后续的辉煌埋下了伏笔。

　　俗话说，打仗亲兄弟，上阵父子兵。柯五一父女的共同努力，让溢香厅有了飞速的发展。柯巴嫩很快就进入了角色，她迅速掌握了餐饮业的运行规律，运用自己所学，在餐饮领域开始注入自己的新思路。

　　然而柯五一并没有满足于眼前的成绩，他的眼光触及了另一片空白市场。

第11章

提升：逸华会和晏虹餐厅品牌的创立

从2014年开始，柯五一渐渐从危机中走了出来。他总结说，2014年的总体精神状态是：转资金，过门关。2015年：小投资，保生存。2016年：重质量，转成本。2017年：非营销，深内功。2018年：大宣传，上系统。根据他的这个经验总结，可以看到，在未来的事业发展中，柯五一和他的儿女们，柯五一和他的溢香厅们，还将创造一段更加辉煌的业绩。柯五一不是一个没有野心的人，他即便在自己最困难的时候，依旧雄心不减，这是他的性格。

20. 扩大规模，发展集团

2008年，溢香厅在扩大规模的发展过程中，逐渐拥有一批优质、忠诚的客户，他们当中不乏温州杰出的企业家、知名的商人，而这些人总是希望能与朋友在一个相对私密的空间交流、学习、娱乐。看到这一消费需求，在柯五一的心里，给他们提供一个活动俱乐部的想法开始强烈地浮现在眼前。当年柯五一就斥资数千万元，在温州开发区创办了"逸华会"国际俱乐部。除了全豪华的配置外，甚至邀请了长安俱乐部的骨干成员一起来打造品牌。

"逸华会"一经问世，便使当地各界名流趋之如骛。在当年的各大媒体上纷纷进行了报道。据温州网等媒体的消息，在这里载录一段相关的报道（部分文字略有修改），作为时代的一个见证：

温州"逸华会国际俱乐部"牵手全球最大爱国民间组织"世界华人协会"，"世界华人协会—逸华会国际俱乐部"联名授牌仪式于5月5日在温州逸华会国际俱乐部顺利举行。浙江省和温州市相关领导，世界华人协会组织高层、温州逸华会国际俱乐部董事会以及温州各界知名人士，共百余人出席会议。

此次授牌仪式，使温州逸华会国际俱乐部正式成为"世界华人协会

逸华会开业

柯五一和著名主持人沈星

逸华会理事长揭牌

联名会所"。世华会会长程万琦先生授牌并任命逸华会董事长柯五一先生为世华会副会长。总经理柯巴露先生被任命为世界华人协会理事会常务理事。至此，逸华会的国际化之路又走上一个新的台阶。

"世界华人协会成立于1992年，主席团由中国大陆、中国台湾、中国香港、美国、加拿大等14个国家和地区的人士组成，团结了著名华商马万祺、何鸿燊、杨受成、曾宪梓、庄炎林、霍震寰、陈玉书、范光陵、陈永栽、李三春、林绍良，以及已故著名爱国实业家霍英东等一大批精英。其创会宗旨为：发扬炎黄子孙勤俭刻苦及有创造性的优良传统，团结互助，合作交流，为加强各地区的经济文化联系，争取全球华人的权益而努力。

逸华会国际俱乐部是温州首家私人会员制的顶级商务会所，是温州政界要人、商场名流进行高端商务活动、私人社交、健康休闲的独享空间。世华会此次牵手温州逸华会，也是看中逸华会在温州经济文化界的影响力，联合世华会这一平台，促进温州与世界华人的经贸合作和文化交流，为中华民族的伟大复兴做出更大贡献。

仪式结束后，逸华会董事长柯五一先生在接受媒体采访中表示：全世界华人、华商无论身在何处，地位高低，都要为中国在世界民族之林的崛起而走到一起；

全世界华人、华商无论宗教、信仰的差异如何，都要为中华民族之统一和复兴大业而团结奋战；

全世界华人、华商无论所从事的行业、所拥有的资产有如何的不同，都要在互惠互利的基础上取长补短，共同发展。

"用现在的话来说就是认知失调。"柯巴嫩说，在当时的社会认知中，从未想过以餐饮为媒介居然可以搭建如此优质的平台。

不到半年，这种模式很快被当地众多投资人看中并模仿，一时引起温州高端餐饮投资热。

这一个会所的创立，是柯五一带着女儿柯巴嫩和儿子、柯巴露经过两代人的共同努力而实现的创新。父亲在高端餐饮上找到新的突破，而女儿也对市场越来越敏感，柯巴嫩在记者采访中说："通过这几年的积累，我渐渐发现溢香厅想要发展就要有改变，只有打破常规才能紧跟时代潮流，才能立于不败之地。"

柯五一与2012年世界旅游小姐总决赛冠军合影

21. 遭遇生存鬼门关

生意场上，从来就没有什么永远不变的规律，也没有一直顺风顺水，风险总是时刻追随着场上的所有"运动员"。在2012年的再创辉煌之前，柯五一也遭遇了滑铁卢，让他尝到了悬崖之畔的怪石嶙峋之惊心。就在柯五一迎来事业的高峰，在成功探索转型，推出大型酒店和高端餐饮之余，又在时尚业态小试牛刀，大柯小柯都想着怎样大干一场的时候，一场危机悄然而至！

人们犹记得2006年、2007年，股市疯涨，楼市高涨，钞票就像雪花一样飘落在人们口袋里，城市里的所有人都觉得，中国已经坐上了高速飞行的宇宙飞船，而且还是坐在头等舱里。街上到处是喜笑颜开的人，民间放贷更是水涨船高，赚到钱的人花钱如流水，根本没有想到危机正在慢慢探出它贪婪的脑袋。

2008年金融危机爆发，温州经济遭到了重创，当地民企的资金互保链断裂、信誉受损。人们还没有回过神来，紧接着2011年温州民间借贷危机爆发，一时间许多老板跑路、企业倒闭，曾经风光无限的大小企业都多多少少受到了牵连，危机就像一个无比巨大的阴影，在城市的大街小巷蔓延。市场环境的迅速萎靡，令柯五一辛辛苦苦打出来的天下遭到重创，叱咤风云的逸华会默默退出市场，几家大酒店的经营亦是如履薄冰。

溢香厅何去何从，是生是死，令人惶恐。

"沉舟侧畔千帆过，病树前头万木春。"尽管溢香厅各家连锁店营业额大跌，但其中婚宴版块的生意还算不错，这使柯五一意识到，婚宴是刚性需求，不容易消亡也不容易轻易被取代。他想到自己的事业，正是从婚宴开始。无论是三十年前的困难时代，还是改革开放逐渐奔小康的时代，还是现在的经济危机之中，结婚的人还是照样要结婚，该摆的婚宴还是要摆。

于是柯五一和儿女们决定，开启对溢香厅大刀阔斧的改革，将发展重心往宴会餐饮倾斜，其中万达店的调整幅度最大，零点和宴会由原来6∶4的比例，转变为2∶8。此外，新品牌晏虹也往小而精的方向调整，并重点抓时尚婚宴，力求保住年轻人市场。

"当时不是说生意怎么做，而是怎么活。那道鬼门关，你走得过就过了，走不过或许就再也翻不了身了。"回忆起那场风暴，柯五一依然心有余悸，他不敢想象如果走不过那个难关，自己的事业会是怎样的结果。

"那时所有请来的高层都走了，我们马上又回到最初家庭管理的模式上，对于未来的方向我存在很大的疑问。你们知道那种打拳无力的感觉吗？"柯巴嫩感到非常无助。

局部改革的成功，让父女俩缓了一口气，但是船大难掉头，溢香厅要做整体变革实在太难。

柯巴嫩认为温州是一个比较时尚的城市，所以需要一个针对年轻时尚群体的餐厅，于是她精心策划了"晏虹"品牌。2012年创立针对年轻时尚群体的晏虹餐厅品牌，一开业就吸引了很多年轻女性消费群体，一度成为瓯江边上一道亮丽的风景线，并在后来将其升级成为"晏虹+"。

2012年11月30日，溢香厅大酒店万达店、晏虹万达店、晏虹瓯江店三店同日开张，一时风光无两。但风险依旧如影随形。彼时，柯五一就提出要改变发展思路，以小型业态突围的想法，而这个想法也很快得到女儿的支持。于是两人在2015年创办了"阿洈猪头面"品牌。然而这次尝试并不成功，大型餐饮的商业模式与小吃类的运营手法并不匹配。最终只落得草草关停。"阿洈猪头面"的铩羽而归，令父女俩更坚定于婚宴市场，并在其中找到新的突破。

2017晏虹+餐厅　蟹谢有你　主题派对

而历经七八年磨合的这对父女，分工也越来越明晰，父亲抓经营、抓菜品，女儿抓品牌、抓宣传。两人在工作和性格上完美结合，在温州餐饮界佳话频传。

2015年，由于交通限制和米房创意园区的开发，柯巴嫩将瓯江路晏虹转移到了米房创意园，并将晏虹升级成为晏虹+。开业活动是一场别开生面的时装秀，吸引了绝大多数温州人的眼球，餐厅也成为一个多元化、为年轻人提供时尚生活的交流场所。

柯巴嫩认为，温州餐饮业必须扎根温州，做到小而精，因为大型餐饮很难走出温州，市场细分化趋势越来越明显。溢香厅品牌会随着政策变化与市场需求而不断调整。正如前面说的，生意场上没有永远胜利的"运动员"，没有一成不变的运行方式，而不变的是一如既往的工匠精神。

从2014年开始，柯五一渐渐从危机中走了出来。他总结说，2014年的总体精神状态是：转资金，过门关。2015年：小投资，保生存。2016年：重质量，转成本。2017年：非营销，深内功。2018年：大宣传，上系统。根据他的这个经验总结，可以看到，在未来的事业发展中，柯五一和他的儿女们，柯五一和他的溢香厅们，还将创造一段更加辉煌的业绩。柯五一不是一个没有野心的人，他即便在自己最困难的时候，依旧雄心不减，这是他的性格。

巴巴庄园员工采摘游

第 ⑫ 章

再创辉煌

　　其实在老柯心中，一直保有温州味道的情怀，芋艿丸、鱼丸汤、猪头面……每一道菜怎么做怎么吃，他能兴高采烈地和你说够三天三夜。

　　也许是从他10岁那年靠卖小吃营生时就播下的一颗种子；

　　也许是在经营"阿洼猪头面"受挫后的心有不甘；

　　也许是在历经大风大浪后内心寻得的归宿。

　　他梦想着一个叫"溢小馆"的朴素小店有一天能开出来，并通过连锁经营的方式散播到全球，让全世界的人都知道地地道道的温州美食。

22. 抓住机遇，绝不妥协

2016年，柯五一和女儿一起精心策划的中国首家星空婚礼酒店"溢香厅国际宴会中心"隆重开幕。此宴会中心面积达14 000平方米，层高12米，双百桌宴会大厅三层楼同时能摆下300桌酒席，最高峰每天有8场婚礼同时进行。

宴会餐饮不仅让柯五一守住自己的基业，也让女儿柯巴嫩看到希望，为集团的发展定下基调，以宴会为中心，待时机恰当再去探索新的业态。

2018年1月30日，2018红餐创业大会首站在浙江温州溢香厅国际宴会中心正式开幕。十多位极具影响的餐饮创业者齐聚一堂，与500多位餐饮精英共同深度剖析餐饮行业的困境与机会，试图为2018年乃至未来的餐饮业找到方向与势能。以下的访谈，即来自红餐网的报道，他们父女在现场的对话，正可以让人们看到他们对自己的企业和对这座城市的理解。我将这段访谈载录于此：

高建敏：无论是在餐饮业或者说是在传统的一些其他行业，企业发展到一定的阶段都会面临一个传承问题，请问柯总您将溢香厅交给女儿的时候，她具备了哪些条件和优势。在传承过程中，又碰到了哪些困难跟障碍？

溢香厅国际宴会中心红餐创业大会活动现场

柯五一：我是从非常传统的溢香厅开始做起来的，接下来要传承给我女儿，我就做传统的基础，我女儿柯巴嫩来做新时代、新思维的餐饮革命。

溢香厅是一个温州传统企业，我们最大的短板一个在法律上，另一个在系统上。餐饮，特别是这几年，各方面的风险很大，有了我的女儿，她都能把这些风险给处理好，不然现在食品安全、环保、消防、个人的劳务纠纷这些东西很多很多我都不擅长。我女儿把溢香厅从传统不规范引上规范化，这是今后餐饮界非常要紧的。

第二个是管理，我们家族企业的管理是自己家庭几个人说来说去，开会开半个小时就好了。我女儿接手之后把整个会议系统一步步建立起来，用新思维规范餐饮，我们今后才能真正发展，才能走出去。

高建敏：父女两代人之间难免会有分歧，比如管理思维，或者运营理念，请问您是怎么样平衡？

柯五一：我的思维、概念和我女儿有一点近，所以我们两个人矛盾不是很大，如果年纪大的人太落后，他跟不上新时代的步子，就很难办。企业目前所有的管理都是我女儿在做。我就做两个事情，比如某个店开业，我在工程上比较懂一点，还有，我们刚刚开了一个新店，可能要研发出新的东西，我会多注意一点。从1960年到现在，我主要做研发，菜怎么做，味道怎么好，所以我现在溢香厅的出品、物流我会多注意，其他整个管理我不管，基本上在餐饮上我们两代传承是比较默契的。

高建敏：请问柯巴嫩女士，您是从中国政法大学毕业的高材生，27岁就接手了溢香厅，从"富二代"转化为"创二代"，选择进入陌生传统的餐饮行业，您当时是怎么想的？接手溢香厅后，您又做过哪些大胆的创新跟变革？

柯巴嫩：法律和餐饮两个行业，是非常不一样的。做法律的时候，我们面对更多的是当事人。但在做餐饮行业的时候，我父亲教了我一句话，他说"你要学做一个餐饮人，首先一个你要学会去做一个蹲不蹲，站不站这样的人，不是90度鞠躬这样的人，你是45度鞠躬这样的人"，角色完全不一样。

2007年父亲说："你来试一试餐饮行业"，我那时候是无知无畏的状态，那时是餐饮业最好的时期，我看到了溢香厅中午满晚上满的阶段，但自从加入企业以后，我也见证了很多的餐饮人不易的地方。在刚加入溢香厅的时候，我真的非常不适应，经常会被问到一些关于食材的问题，客户进行投诉的时候我答不出来这是一个什么食材，或者会闹一些乌龙的事情，在这期间支持我的是餐饮人的精神。

　　父亲是1988年开始创立溢香厅的，当时我们只有三十平米，我小时候，他把我跟弟弟赶出来，说"你们俩出去吧，我要做一个餐厅"，我们当时很不理解，别的小孩都有饭吃，为什么我们经常在餐桌上是被客人驱赶？直到我自己慢慢地步入这个行业，深深地理解他们的不易。

　　所有的溢香厅人都知道我父亲是溢香厅的灵魂，他在1988年创立以后去了德国深造，半年不到的时间又回来，直到2018年，他完成了溢香厅非常光辉的三十年。我接手以来也一直马不停蹄，从人民路溢香厅开始，到溢香厅正茂大酒店，以及我们溢香厅万达店创立品牌，直到今天我们又在不断地调整思路，在原来大型酒楼的基础上往宴会的这条路上走，我也不断调整自己，从原来的不适应、被取笑或者是不知道怎么做，到慢慢调整心态。因为父亲始终教会我们一件事情，他说热爱工作才是我们工作的最关键的一件事情，你首先要干一行爱一行，父亲一直以来引领着我们溢香厅，也见证了我们溢香厅走到今天这样的一个阶段。

　　高建敏：今天是以"旧思想归零，新餐饮出发"的主题，我想再请问一下柯总，您对温州餐饮市场或者说全国餐饮市场它的今天或者未来您是怎么看待的？

　　柯巴嫩：溢香厅在2012年面临了非常大的金融危机，以及八项规定的寒冬，我们能坚持走来其实是在不断地调整自己。我加入以后，溢香厅不断地接触一些新的平台。溢香厅以本地市场为主，就大众消费、中端宴会定位而言，在温州扎根是一点问题都没有，但是我们又做了一些其他的品牌，如2012年做高端的逸华会，引领了温州高端会场的市场。同年，我们也创立了晏虹，比较时尚小资的品牌，我们在做这些品牌调整的同时都在不断地思考和考量。虽然市场在变革，但我们还是决定主打高端宴会市场。

2012年，万达溢香厅已经做了比较大的一个思路调整，把原来酒楼零点和宴会60%∶40%的比例，转变为80%做宴会，20%做零点，今天的溢香厅国际宴会中心我们是95%以上做宴会，5%做零点，而且我们零点仅仅是为了宴会做一些调整，所以这个调整我觉得是一个非常重要的战略规划。2018年，溢香厅30华诞期间，我们还要打造一个高端宴会市场。温州高端宴会市场应该作为全国婚庆市场、宴会市场的领跑者。我希望溢香厅能够扎根宴会市场，把我们的品牌做稳。

新零售方面，传统的餐饮必须要结合互联网，我们尝试着去做一些未去尝试过的领域，除了做餐饮的提供者，我们还可以做餐饮的供给者，我们既是买家又是卖家，我希望能够在这些领域给大家带来一个全新的温州餐饮新面貌。

高建敏：请问柯巴嫩女士，年轻人和老一辈怎么样才能更融洽地合作，怎么调整心态？

柯巴嫩：其实一代跟二代交接棒的过程当中是没有这么顺利的。我跟我父亲也是有矛盾的，父亲的性格比较激情、霸道，我自己的性格可能会偏理性多一些。我跟父亲约定好，你董事长说的任何事情我都服从，但是我会提我这方面的建议，听不听抉择在于你这里。另外在这个过程中，我们知道一代当初创业的时候很艰难，但是我们没有体会，没有这样的一个过程就没有办法想象你到底是怎样的。所以在这个过程中，父亲其实跌过的跤，他经常说你不要去跌，但是我们二代不知道。

于我而言，我希望一代企业家更加包容我们，允许我们去试错，我觉得这是非常关键的，虽然你知道前面这条路就是错的，或者说你可以去摔个小跤，但是在限定的范围内允许二代去试错，去摔跤，只有这样二代的企业家才会不断地成长起来，二代企业家在这个过程中才能理解跟体谅父亲。

我们经验的积累不一定比一代的企业家要好，他们对于方向的把握，对于市场的经验比我们丰富得多，所以我们更加要在这个平台上练好自己的本领，你首先能够在一块的区域先立足，然后再慢慢地把全部做好。我献给二代企业家一句话，有作为才有地位，这个我也是刚刚学会的，我觉得只有你做出来了，一代企业家才会慢慢地放手让你去做很多的事情。

2018年9月26日第六届厨师节溢香厅创始人柯五一、
中国饭店协会会长韩明、溢香厅总裁柯巴嫩合影

23. 想回归三十年前，做热乎乎的荸荠丸

柯五一将我邀请到他的餐厅，他亲自下厨，给我们做了一盘热乎乎的荸荠丸。说起荸荠，柯五一就像一位种植荸荠的农夫，可以如数家珍一般滔滔不绝。在柯五一看来，荸荠是非常健康的食料，他说，荸荠是夏至种，冬至收，半年时间的生长发育，意味着它丰富的营养价值。新收的荸荠比较淡，越到后来收的越甜，味道越浓。一亩可以收4 500斤，一斤荸荠去皮后只有半斤。柯五一将一个个荸荠切成丝，那是怎样细致的刀工。然后拌以面粉，再将一大锅的油慢慢熬热。对油的热度必须有良好的掌握，太烫容易熬焦，温度低了又容易使荸荠丸散掉。而油的温度，全靠掌勺者的经验判断。最后再浇上白糖水，冷却后变成一层白霜。柯五一煎出来的荸荠丸，金灿灿，松软可口，的确是一道令人难忘的美食。

正如一位记者写道：

其实在老柯心中，一直保有温州味道的情怀，荸荠丸、鱼丸汤、猪头面……每一道菜怎么做怎么吃，他能兴高采烈地和你说够三天三夜。

也许是从他10岁那年靠卖小吃营生时就播下的一颗种子；

也许是在经营"阿洼猪头面"受挫后的心有不甘；

> 也许是在历经大风大浪后内心寻得的归宿。
>
> 他梦想着一个叫"溢小馆"的朴素小店有一天能开出来，并通过连锁经营的方式散播到全球，让全世界的人都知道地地道道的温州美食。

柯五一的思想是朴素的，他没有那么多的高深理论，他只是一个实实在在做事的人。他喜欢做大事，豪情满怀。但他也不是生来就是做大事的人。时代机遇、生活压力、事业前程，都是让他停不下脚步的原因。他愿意去尝试，愿意去冒风险，这需要勇气。而这勇气也不是与生俱来的，而是这风云变幻的时代造就的。正所谓"时势造英雄"，但也不是所有的人在相似的时势里都能成为英雄。

柯五一的这一生，可以让人们看到这时势，听到这时代的呼唤。无论怎样，阿一老师和他的溢香厅，都将载入温州改革开放四十年的史册，留下他难以磨灭的印记。而他的最大愿望，就是面对越来越严峻的市场竞争，如何带领他的团队成就"百年溢香"的梦想。

2018年5月4日　完稿

附　录

溢香厅老板和他女儿的故事！

来源：温州商报

2018.7.21

16岁摆卤味摊

38岁开小饭馆

如今发展成大集团

草根派"阿一老师"的溢香厅传奇

没正儿八经拜师学过厨，全靠少年时父亲的指点和自己的喜欢，琢磨琢磨着就成了名厨；16岁就"代父出工"，1988年38岁那年才在自己只有30平方米的家里正式创业开出"益香厅"（后改名为"溢香厅"），这个小地方却承接了温州市第一场在酒店举行的总桌数达18桌的大婚宴……

这些是温州溢香厅酒店集团董事长、现年68岁的柯五一人生中最重要的几段经历。被温州餐饮业内人士尊称"阿一老师"的"草根派"名厨柯五一，全靠自己的喜爱和勤奋，历经三十年，将一家起步只有30平方米的小店，发展成如今旗下有7家不同业态酒店企业的酒店集团。他和正迎来30周年的溢香厅，是温州餐饮行业数十年发展变化的亲历者，也是改革开放40年来温州大变革的见证者。

柯五一，1950年出生，1988年创立溢香厅餐饮品牌，从30平方米的小店发展成如今旗下有7家不同业态酒店企业的酒店集团。现任溢香厅酒店管理集团董事长。

1.出道

我没经过科班培训，也没拜过老师，可以说，我是一个很"草根"的厨师。16岁做卤味，上街摆摊，买的人排队。

我一生就两个爱好，一个爱好是围棋，另一个爱好就是美食。

我父亲在1962年，我12岁的时候就教我下围棋。围棋是文化，还有很有意思的是，忙的人，下了围棋后工作很有劲。

我父亲爱围棋，他原来也是个厨师。二十世纪50年代末的时候，他在八字桥一家"八字酒店"当厨师（实际上是做会计，但他喜欢美食，能做一手好菜，也在厨房帮忙）。所以，父亲喜欢围棋，也爱美食，爱好传给我了，我也一样喜欢围棋，喜欢美食。

虽然我很爱美食，比别的厨师做的类型也要多，但是，我没经过科班培训，也没拜过老师，可以说，我是一个很"草根"的厨师。为什么我学到的类型比较多呢？当时，我们全家就靠做菜维持生计，我也很用心地去想办法琢磨钻研怎样把菜做得好吃。我在1966年，16岁的时候就做卤味，卤猪肉啊，卤猪肚啊，卤猪尾巴啊，借我父亲饭店的名义在街上摆摊，买的人都排着队。对于一个从小缺衣少食的年轻人来说，丰美的食物简直就是人间最美的艺术。将食材做出美味，还要做出色彩和形状，这一切是快乐的源泉。

二十世纪70年代末，我还接人家婚庆酒席的活。那时候，大家的红白喜事都在自己家里办，请师傅上门做。代做一桌2块、3块钱，能赚钱贴补家用，还能练手菜雕等技术活，忙但很快乐。后来，我去了中百公司的食堂工作，二十世纪80年代初的时候，中百食堂改名叫"百味厅"，对外开放，我在里面做厨师掌勺，做的都是很受温州人喜欢的温州家常菜，生意非常红火。1985年，我又调到了华侨饭店做厨师，专门接待外宾、重要的领导。我记得最清楚的一次，是温州和日本的一个城市友好活动，三桌的菜从策划到改刀、烧都是我一个人做的。

因为我做了这么多类型，对市场了解沉淀了很多，也可以说，客人的好的建议，我都把它们用到了我做的菜上。不过，我的改刀技术不好，我的强项就在炉台，炉台最强的是红烧的菜。还有，我对油温的感觉非常强，用眼睛一看冒的烟，就知道是30℃、50℃、70℃，因为我油炸过的菜很多，几十年的积累了。做菜对于我来说，不是生意，真的就是我的爱好。

我的围棋是业余5段水平。不过，可能也有得有失，如果把围棋的爱好多放一些到美食发展中，可能做菜的水平会比现在高。目前第一是爱美食，第二爱围棋，第三爱家庭，家庭排第三，所以我老婆对我有意见了（大笑）。

柯五一与世界围棋冠军古力、中国棋院院长、中国围棋协会主席王汝南、中国围棋协会副主席周星增四人连棋

温州市龙湾区围棋协会成立大会，温州市龙湾区围棋协会会长柯五一讲话

2.开店

第一家溢香厅是我最要回忆的。我这个人记性太好，过去帮过我的人，我做过的事都记得很清楚。

1988年12月18日，我们在广场路175号103间（开业）。我记得电话5位数，44066。当时员工6个，2个服务员，3个师傅，1个徒弟。连自己和老婆8个人，手头只有几千元钱，白手起家。我一个人顶5个事情，董事长、改刀、厨师什么的，我老婆也是一个人顶5个事情，出纳、收银、开单、整理桌子……什么都干。

开店的地方就是我和老婆结婚的房子，生了2个孩子，一家4口就住在这里。只有30平方米，床、家具全部腾出后这里开始只能摆3桌，我们一家4个人就住在隔壁租过来的10平方米的地方，一张床，一张沙发，还有旁边放着米、袋子等众多东西，居家同时当做仓库。儿子和女儿睡大床，我们两夫妻睡在硬的沙发上。不过也不觉得苦，我这辈子就4个字，"顺苦沉思"，顺着这个苦就过来了。

1988年正是我们温州人肚子很空、很饿的时候，当时生意很好。有个故事，我们店刚开始叫"益香厅"，自己名字"五一"的最后一个字谐音，用"益"，这是一个利市的字，既有"利益"的含义，又有"公益""好处"之意，同时还有"充盈""美好"的延伸意义，这是一个好字。而对于美食来说，重要的是"色、香、味"俱全，其中"香"是一个重要的元素，是无可替代的，组合起来就取名"益香厅"。有个叫阿进的企业家经常到"益香厅"请客吃饭，有一次对我说，阿一，你这里生意蛮好，不过这招牌要改改，这"益"字要加上几点水，水要溢出来才好。我听了觉得挺好，就改名叫"溢香厅"了。

不过毕竟只能摆3桌，我们在隔壁又租了两桌，给他每次5元1桌的场地费。开业不久，"溢香厅"接到了第一个婚庆的单，也迎来最大的考验。有个鼎新老师，女儿结婚在我这里订了18桌。平时只能摆3桌，这次要摆18桌，你的桌子在哪里，你的椅子在哪里，你的服务员，你的厨师在哪里？借桌子椅子，找人手，借地方，很忙。我家在的地方有三层楼的，三层楼里的邻居家里一桌两桌都摆起来，连人家的厨房都摆上了，每桌场地费5元。不过，这不全是钱的问题，主要是隔壁邻居都很帮忙，有了当时邻居的帮忙，才有了今天"溢香厅"的发展。

　　这几年我专门在找当时的6个员工，因为我们"溢香厅"是他们帮忙一起办起的。我把3个厨师1个徒弟找到了；还有两个服务员，有1个服务员我不清楚，有1个叫阿华没找到。阿华这个服务员，我印象很深的，1988年开业到1989年，她在店里当服务员，当时就把我的店当做家一样，下班以后所有的门关好，还睡在店里。当时她18岁，1.58米这么高，人很白很漂亮的，眼睛黑亮亮的，文成人，我只知道叫阿华，不知道全名，也不知道文成哪里人。后来，我出国把店关了她也走了，去哪里也不知道，还听说她出国了，所以找不到了。最近，我在盼望找到阿华，要不然"溢香厅"30周年大庆会留下一个遗憾。他们是"溢香厅"企业的"根"，所以我一定要把"根"找到。

溢香厅人民路店

3.出国

　　1989年那年，有不能开店的传言，正好有个非常要好的朋友在德国，他工作的餐馆那里需要一个厨师，我出去了。打了几个月的工后，我身体吃不消了。餐馆的老板姓邓，邓老板当时要帮我办临时居留卡，我就对邓老板说，我要回家。老板娘说，这个人脑子有病的，一般出国的人都留下的。

我出国的时候很热闹，亲戚朋友把我送到北京。坐飞机回到温州的时候，就我老婆来接我，没有人理我。不过，我这个人性格很现实的，我感觉我努力了就可以了。而且我心中的想法很强烈，也很有信心，就是一定要把"溢香厅"重新开起来，当然，压力也是有的，所以1990年回来后，1991年就在蝉街把"溢香厅"重新开了出来。

为什么不在原地方开？那几年温州发展很快，不能在老地方开，要再找个地方。第二家"溢香厅"找的地方在蝉街的中侨大楼三楼，可以摆下40桌，原先也是别人开酒店的，我把整个店、盘碗、设备用1万元拿下了。当时我到德国再回来，身边一分钱也没有，两个朋友每人借给我2万元，一共4万元，除了盘碗、设备的1万元，剩下的付房租和运转。这两个朋友真是够朋友的，当时借的2万元还不仅是钱的问题，因为我没钱，这2万元钱借出去后不知道还有没有的。

第二家"溢香厅"有40桌，十几个包厢，生意蛮好的。当时我还是和第一家店一样，还是要当董事长、厨师长、采购员、排菜员，忙的时候还要自己上去烧菜；老婆也是一样，总经理、预订员、收银员、酒水员、仓库管理员。很多事都自己干了，成本低了，价格就便宜了，生意就好。

蝉街的第二家"溢香厅"开到了1994年5月。同年，我在人民中路的金煌大楼二楼买了一个700平方米的店面，开出了第三家"溢香厅"。1998年12月份，街心公园边上的"溢香厅"开业。2000年，位于机场大道上的"新溢香厅"开业，"溢香厅"从快速发展进入了转型提升。

"阿洼猪头面"可以说是我人生中最遗憾、最失败的品牌操作。我把餐饮模式分为3个业态，"溢香厅"是传统业态，"晏虹"是时尚业态，"阿洼猪头面"是轻便业态。轻便业态应该是餐饮行业今后的发展方向，为了"阿洤猪头面"，我去过日本考察，整个流程、整个系统花了很多心思，非常用心地操作。"阿洤猪头面"我已经最努力了，到底出了什么问题，我还在思考。我明年要操作一个轻便业态"逸小馆"，可能在操作"逸小馆"的时候会有答案。

溢香厅上江路店

4.感悟

从桌子大小的改变就反映出了人民生活的改变，它意味着桌子上的菜式的改变和丰富，人坐多了，盘子也精致了。

改革开放40周年，我们"溢香厅"30周年，温州餐饮行业和老百姓的消费有什么变化，不说"吃"的内容方面，这方面人家已经说得很多了，我就用"溢香厅"一个桌子的变化来比较简单地表达。

1988年"溢香厅"的桌子是1.25米的方桌，可以扳起来变成圆桌。到了二十世纪90年代初的时候，就改成1.60米的圆桌。到了1998年，桌面就改成1.80米。去年，"溢香厅国际宴会中心"开业，桌子就用2米的了。

从桌子大小的改变就反映出了人民生活水平的改变，它意味着桌子上的菜式的改变和丰富，人坐多了，盘子也精致了。打个比方说，原来4个大盘，后

溢香厅万达店

来外面有几个小盘，而后小碟要摆10个了，再后来冰镇的刺身上桌了，近几年铁板烧等也都要放上去了，所以桌子要越来越大，要不然就摆不下了。

而且桌子的变化带来最大的效果是人坐得宽松了，消费感觉舒适了，不用再像以前那样要站起来吃了。桌子越来越大，生活方式有了明显的改变。我们也没特意去做什么，无形之中，就有消费者反映，提出意见，然后我们就跟进改变，就是跟着潮流的推进在改变，这是一种时代的自然变化，很有意思。

这几年，瓯菜和瓯菜文化的发扬和对市场的拉动也是这样。消费市场越来越讲究实惠和文化。如商务宴请，它的卖价和定位要低一些的，中低价位，瓯菜的消费价格可以低一些，正好合适。而且瓯菜还适合让人回忆，回忆二十世纪70年代的生活，吃的是一种"情怀"。"溢香厅"也很自然地随着时代的这个变化跟进。

"律政佳人"撸起袖子进厨房
柯巴嫩14年只做一件事

柯巴嫩：1978年出生，毕业于中国政法大学，2004年进入溢香厅酒店工作，2012年创立年轻时尚餐饮品牌晏虹。现任溢香厅酒店管理集团总裁、温州市饭店与餐饮行业协会常务副会长、龙湾区新生代企业家协会执行会长。

认识柯巴嫩以来，她总是一头短发，做起事来干练果断。这次见到，在粉色连衣裙映衬下，更显优雅气质。

学法律出身，毕业后进入体制内工作，原本可以过上安稳的日子。27岁那年，与父母的一次交流却改变了她的人生轨迹。接手家族企业，"空降"为总经理，进入完全陌生的餐饮业，接班14年，她给溢香厅和温州餐饮业带来创新和突破。

27岁担起家族企业重任

高中开始，柯巴嫩就为自己选定了当时最热门的法律专业。1999年，她从中国政法大学毕业后，来到温州某知名律师事务所工作；第二年又进入鹿城法院工作，成为一名民事诉讼书记员。

"我那时候没有想过要做餐饮，甚至还有点厌恶。"从二十世纪80年代，溢香厅还只是广场路上的一家小饭店开始，柯巴嫩就看着父母一直辛苦忙碌，到了饭点也顾不上她和弟弟的伙食。所以，在她的印象里，做餐饮就是一件很辛苦的事情。

1999年，随着市区人民路的溢香厅酒店开业，摆脱了家庭作坊的原型，溢香厅迎来了飞跃式发展。从未提过接班问题的父亲，找她探讨了一个问题，溢香厅是继续品牌道路还是转型其他行业？如果继续做餐饮，他需要女儿的支持和帮助。

餐饮是父亲的一生所爱，柯巴嫩决定藏起自己的喜好，帮助父亲把事业继续做下去。2004年，她宣告正式出任溢香厅人民路店总经理。"律政佳人"脱下制服，撸起袖子进到厨房、大堂，忙起来的时候也顾不了形象了。

"她什么都做，有点女汉子。"对于女儿的拼劲，柯五一又欣赏又心疼。

最难的是"敬酒",

做餐饮要学会45度鞠躬

法律和餐饮，是两个完全不同的行业。一个外行人突然进酒店当总经理，柯巴嫩面临着很大的压力，许多问题也让她措手不及。

那时候是餐饮业最好的时期，溢香厅从中午到晚上都客满。"一开始我还是无知无畏的状态，真正进入以后，我才见识到做餐饮真的很不容易。"有一段时间，她非常不适应，经常会被问到一些关于食材的问题，客户进行投诉的时候也回答不上来，或者会闹一些乌龙的事情。

对柯巴嫩来说，那时最难的还是"敬酒"。作为酒店经理，经常要端着酒杯进包厢做客户拜访。"每次我都要在门前站很久，对方都是不认识的人，会不会嘲笑你？会不会给你灌酒？我都要做足心理准备，才推开那扇门。"做餐饮需要八面玲珑，这恰恰是学法律的她最不擅长的。

每当这时，她会想起父亲的一句话，做餐饮人首先要学会去做一个蹲不蹲、站不站的人，不是90度鞠躬，而是45度鞠躬的人。

"想把餐饮做好，脸皮要厚，甚至'不要脸'。"柯巴嫩对厚脸皮的理解，是一种极致服务的态度，要能抗住顾客的各种要求。

为溢香厅注入新餐饮思维

从1988年的广场路小店起步，溢香厅已经走过了30年的风雨路程。从发展、鼎盛到转型，柯巴嫩赋予品牌更多的是创新思维。

2008年，溢香厅集团规模进一步扩大，拥有了一批优质、忠诚的客户。"很多人希望能有一个私密的空间交流、学习和娱乐，尤其是温州的企业家们。"看到这一消费需求，逸华会国际俱乐部应运而生。2012年，她又创立了轻奢风格的晏虹餐厅品牌，满足年轻时尚群体的用餐需求。

以溢香厅为主线，柯巴嫩孵化了晏虹、逸华会等多个子品牌，赋予餐饮企业新的创新思维，带给企业更多生机活力。

"我见证过餐饮最辉煌的10年，也看着餐饮进入转型阵痛期。而新生代的使命就是要继承，也要创新，让企业很好地活下去。"餐饮业随着商务接待的减少而面临转型，柯巴嫩又着手打造溢香厅国际宴会中心，并打开了从礼服到喜糖的一条龙服务，由婚宴延伸到全产业链布局，成为国内时尚婚宴市场风向标。

要把瓯味美食送上外国人餐桌

在她和父亲的通力合作下，除了人民路门店，溢香厅位于上江路和龙湾万达的门店也相继开业。今年溢香厅大酒店入驻巨溪国际真皮大世界，将于10月份正式与市民见面。

而这家新酒店是溢香厅又一个重要的转型信号，以股份制形式进行项目孵化。"今后30年，我希望打造一个多元的创新载体，我们提供一个平台，让更多喜欢餐饮或有创业激情的人，能真正参与到餐饮事业中来。"另外，柯巴嫩也很支持企业内部的创新项目孵化，在她看来，凝聚众智，形成合力，尤其是吸收一些新生代企业家或创业者的创新理念，才能让温州的餐饮走得更远。

无论事业多忙碌，她都会尽量抽出时间去国外游学，到美国考察星级酒店的管理模式，去日本学习极致的服务理念，也会去往"一带一路"沿线国家寻求合作机会。"欧洲、非洲、东南亚都有很多可以拓展的机会，未来可以通过食品公司、外贸公司等形式合作，将瓯菜和温州美食文化传递到海外。"

工匠精神的继承和国际化的拓展，新生代的掌舵为溢香厅下一个30年的发展，创造更多可能。

父女问答

柯五一：女儿为企业带来年轻人的思维

柯巴嫩：餐饮是父亲最重要的"儿子"

父辈这样看二代：

记者：把法学专业毕业，做过律师、在法院上班的女儿叫到酒店工作，是当时感觉自己吃不消，需要让女儿回来帮忙吗？

柯五一：不是的，当时的想法只是说想让她过来体验一下，没有叫她回来帮忙的意思。我对家里很开明的，我就是让她自己定了干什么就干什么，不用让老爸来定她干什么。年轻人喜欢做什么就做什么，能做什么就做下去。她最终决定在酒店干下去也是很自然而然的。

记者：女儿进入"溢香厅"到现在已经14年，她和你在企业管理上分工是怎样的？

柯五一：分工非常清楚。所有的运营管理这一块全部是她负责。我负责新店的筹备、出品。高层的会议我现在都没有参加了。要开新的酒店我们一起商量。一起定，定下来后我可能会投入一点时间，投入前期的装修、市场战略等。

记者：女儿哪些方面让你非常满意，哪些方面你觉得还有不足？

柯五一：非常满意的是她的冷静，她的冷静思维。我的性格就是很热情，有事情就马上去做。不满意的是她的时间安排，事情太多，有些时间安排不出来。

记者：父女俩在决策上面，如某个项目怎么做，餐饮方向应该怎么走，两人的分歧多不多？

柯五一：虽然我们两个人分工很明确，但有时候也会搞错了。她把我董事长的事情做了，我把她总经理的事情做了。做了后有时候也有烦的想法，但过了一天也就好了，家族企业就会有这样的情况。

记者：女儿在企业这些年，你给她怎样的总体评价？

柯五一：这几年，她在系统性的管理、多业态的发展、轻资产组合方面做得很好，体现出年轻人的新思维。如11月份在瓯江路再开逸华会，现在不缺资金，缺少的是交流和学习、资源共享，她可能把懂管理的人士拉进来做股东，影响力大的人士也拉进来做股东。现在瞿溪的溢香厅也有股东，借人家的力共同做好溢香厅。今年的溢香厅30周年庆，实际上也是企业传承发展的一种方式。

二代这样看父辈：

记者：你对爸爸的创业、处事，印象最深的是什么？

柯巴嫩：他对餐饮这个行业的热爱。只要他做起菜来，就完全想不到自己的儿女。小时候店里忙的时候，我跟弟弟在他面前走过，他是看不见的，他的眼里只有美食和客人。现在快70岁了，他还会经常去研究菜品，去外面转转学学这一行的新鲜事。餐饮是他真正热爱的事，我们都开玩笑说，餐饮才是他最重要的一个"儿子"。

记者：爸爸身上哪些品质是你最需要学习的？

柯巴嫩：坚持和韧劲。他具备那种百折不挠、越挫越勇的精神，他那股金牛座的固执，发挥到事业上倒是件好事。一代创业，从来不言辛苦，就像我父亲一样。他当年可以承办溢香厅第一场婚宴，可以一个人应付18桌酒席，所以他会觉得接班这件事，对我们姐弟俩来说，没有任何困难。尤其是餐饮业最艰难的那几年，我们也挺过来了。正是他的辛苦付出，才将30平方米的小店发展成现在这么大的一个集团，这也是现在所说的"工匠精神"。

记者：在企业的14年中，是否跟父亲有过分歧？

柯巴嫩：我跟父亲一直是搭档关系；但是跟其他的两代人角色不同，在我们企业，父亲比较"激进"，他创新意识也很强，不怕失败，我们有时候觉得他的想法像"野马"一样，拴都拴不住。而我是学法律出身，性格比较沉稳一些，会综合考虑后再去执行。所以，我们的性格和专业是互补的，在接班过程当中也比较融洽。

记者：你最崇拜的人是父亲吗？你在哪些方面比父亲做得更好？

柯巴嫩：创业非常不容易，可父亲做到了，他就是一个活生生的例子在前面。我想他不仅是我崇拜的对象，也是很多溢香厅人崇拜的偶像。他现在心态还是很积极，对员工发言都激情满满，声音洪亮，这一点我们都很佩服。继承和创新，对我们新生代企业家来说，特别重要。父辈对市场商机把握的敏锐度和长期积累的老道经验，都非常值得我们学习和继承。当然，我也要结合新时代的变化去做理性分析，我更注重管理和风险的把控。未来，我们父女还会保持这种愉快的合作模式，把溢香厅做成"百年溢香"。

记者手记

勤奋和善于学习的力量

没有进过烹饪学校、没有正儿八经拜过老师的柯五一，凭着自己对这行的爱好和钻研，成了"草根派"名厨，打造了溢香厅酒店集团。中国政法大学毕业、做过律师、在法院上过班的女儿柯巴嫩，成功接班，为溢香厅酒店集团注入了年轻人的新思维和发展新力量。

是什么因素，让这对餐饮"非科班"出身的父女，在餐饮行业干出了比大多数餐饮科班专业人员都要出色得多的业绩？毫无疑问，是勤奋和善于学习，让他们不可阻挡。

10多岁就琢磨着怎么烧菜、16岁就"代父出工"的柯五一，在没有正式的师傅指导的情况下，数十年如一日地学习同行，琢磨新菜和新做法，研究工艺和口味，听取顾客的意见反馈进行改进，即便如今已经68岁了，仍在研发"荸荠丸"这道菜。而进入和专业毫无关联的餐饮行业后，柯巴嫩放下身段，向老员工学习，向同行学习，向父亲学习，迅速完成了从行外人到行业新丁再到业内大咖的嬗变。

纵览温州各行各业的企业家们，专业科班出身的实在是凤毛麟角。但这个大多数非科班出身的企业家群体，改革开放40年来之所以能成为各行各业的传奇，正是缘于在柯五一父女身上体现出来的那种勤奋和善于学习的精神。勤奋、善于学习，铸就了溢香厅过去的辉煌，也将是未来继续辉煌的源泉。

温州商报记者　王木正　邵卢静

视频　余迪力

编辑　温　乐

责编　世　潮

创业创新两代传承——溢香厅三十年创业发展史

来源：温州新壹周

2016.10.30

溢香厅的蓬勃发展史，于每一个历史节点，都承载着特殊的意义。从二十世纪80年代的亦步亦趋，到二十世纪90年代的迂回曲折，再到如今的生机盎然，逾三十年的风雨兼程，让溢香厅历练有加，生命力愈加旺盛。

创业十年

二十世纪80年代的1988年，在温州广场路上有一家小餐饮店，名曰"益香厅"，其后经人指点，更名"溢香厅"。那时，这家小店总共只有30平方米，店面虽然小了一点，但是因经营有方，生意一直红红火火。

"我记得那一年秋天，温州有一大户人家女儿结婚，就把喜酒办在了我那里。这可能是当时温州在酒店里办的第一场婚宴。"溢香厅酒店管理集团董事长柯五一说，随着这次酒席的成功操办，一时间让这家小店名闻温州。于是，

慕名而来举办婚宴的越来越多。溢香厅把握时机，发展水到渠成，从广场路到中侨大厦，再到新溢香厅，溢香厅一路走来，风雨兼程。创业十年，又有谁知道他到底经历了多少故事，花费多少心血？"我的性格就是想干事情，这个或许跟我所处的时代有关系，我那时正处在一个非常艰苦的时代，而那个时代培养了我吃苦耐劳的品质，所以现在我所做的事情我并不觉得苦。"柯五一说。

发展十年

进入90年代，溢香厅面临着发展中的困惑，是继续走品牌道路还是转型出租？最终，父亲柯五一决定坚持做好品牌，但是需要女儿的支持和帮助。而原先从事法律工作的柯巴嫩为了分担父母的压力，也毅然决定投身餐饮业。溢香厅酒店管理集团执行总裁柯巴嫩告诉记者："我可能跟别人想的不一样，我

不是空降过来，直接就当了一个什么总经理。我父亲让我从服务生开始做起，在我熟悉餐饮的工作之后，父亲才慢慢把这个担子交给我。"

原本对餐饮一知半解的她，通过自己的一步步摸索，逐渐成长为这方面的行家。也由于柯巴嫩倾力加盟，溢香厅迎来了十年发展的黄金时期。这期间，柯五一和柯巴嫩分工明确，柯五一抓经营、抓菜品，柯巴嫩抓品牌、抓宣传，溢香厅传统的宣传和营销思路渐渐发生了变化，溢香厅也越来越受年轻一族的追捧和青睐。

提升十年

2008年，溢香厅集团规模进一步扩大，拥有了一批优质、忠诚的客户。和他们接触多了，柯巴嫩自然就了解到他们的需求。温州企业家、商人希望能与朋友在一个相对私密的空间交流、学习、娱乐。于是迎来了逸华会国际俱乐部。柯巴嫩说："通过这几年的积累，我渐渐发现溢香厅想要发展就要有改变，只有打破常规才能紧跟时代潮流，才能立于不败之地。"

2012年，柯巴嫩决定打造一个全新的品牌。她认为，温州一直是一个比较时尚的城市，所以需要一个针对年轻时尚群体的餐厅，晏虹品牌也就在她的精心规划下开幕。再后来，她又进一步将晏虹升级成为晏虹＋。

将溢香厅品牌做强做大，是柯五一、柯巴嫩两代人的梦想。看到温州婚庆市场的火爆现象，柯五一父女不约而同想到打造一家以婚宴为主题的大型酒店。2016年，由集团重磅打造的溢香厅国际宴会中心应运而生。

溢香厅品牌创业历程

1988年，在温州广场路上开出了一家小饭店，名曰"益香厅"。

1991年，盘下蝉街中侨大厦3楼1 000多平方米的店面，经营饭店。

1994年，买下金煌大楼750平方米的商铺，作为事业发展基地。

1998年，酒店搬往人民路国信大厦，即为现在的溢香厅大酒店。

2001年，通过投标，买下新溢香厅大酒店，规模进一步扩大。

2007年，承租万丽大酒店进行豪华装修，更名为溢香厅正茂大酒店。

2008年，溢香厅逸华会国际俱乐部试运营，向高品质大品牌方向发展。

2011年，溢香厅酒店管理集团成立。

2012年，新创餐饮品牌YEHOM时尚餐厅。

2012年，溢香厅万达大酒店、YEHOM餐厅万达店、YEHOM餐厅瓯江店三店齐开。

2016年，中国首家星空婚礼酒店溢香厅国际宴会中心开业。

文/蔡青仕

溢香厅大酒店入驻巨溪·国际真皮大世界

来源：温州商报

编辑：杨凡

商报讯（记者　施世潮）5月16日，温州溢香厅大酒店正式签约入驻巨溪·国际真皮大世界酒店餐饮项目。

巨溪·国际真皮大世界为瞿溪皮艺特色小镇的核心区块，是全国首座集真皮鞋材贸易、展会展示、研发设计、电子商务、保税仓储等功能于一体的智慧市场，为浙江省重大产业项目、温商回归重点工程、瓯海百亿重大工程，目前已吸引意大利、广州、福建、成都等地的商户入驻。

溢香厅酒店管理集团是温州从事高端餐饮的大型连锁企业，由董事长柯五一创办于1988年，二十多年来一直致力于将国际餐饮时尚与本地烹饪技法

相结合，形成以瓯菜为主的"新派中国菜"，成为享誉江浙沪的瓯菜品牌。柯五一说，瓯菜需要借助做全球性、国际化生意的大市场走出去，相信真皮大世界会是瓯菜"走出去"很好的载体。

溢香厅大酒店入驻真皮大世界，也为瞿溪皮艺特色小镇美食板块的建设注入了新动力。当天，巨溪·国际真皮大世界负责人与溢香厅酒店董事长柯五一及酒店高管等人参加签约仪式。

大眼睛，皮肤白！阿华，你在哪里？温州溢香厅老板说起你时泪眼婆娑，他说欠你……

来源：温州商报

2018.7.15

"我想找到30年前第一位到店里帮忙的员工，她叫阿华。"昨天，温州知名餐饮人、溢香厅酒店管理集团董事长柯五一找到本报，讲述起一路白手起家的经历。今年是溢香厅创立30周年，柯五一非常感恩陪伴他创业成长的员工们，尤其是第一位员工阿华。

今年68岁的柯五一，一手创办了溢香厅品牌，从1988年开出第一家仅有30平方米的小店，到后来成为温州宴会市场的翘楚。"溢香厅现在的成就，离不开许许多多兄弟姐妹的支持，尤其是在我一无所有开始创业的那段时期，除了我的夫人无条件的帮助，还要感谢最初愿意跟着我、信任我的6位员工。"回忆起创业初期的经历，他有些哽咽。

1988年，与很多想自己当老板的温州人一样，柯五一不再满足于当一个厨师，下定决心自主创业。那一年，他腾出自己的婚房开餐馆，取名"益香厅"（其后经人指点，更名为"溢香厅"）。

万事开头难。柯五一和妻子在家里摆了三张桌子，在自家的厨房里张罗菜品，从此过上了"白天当老板，晚上睡地板"的艰苦生活。那时候请了两个厨师：李峰和晓东，又请了两个服务员，一位是来自文成的阿华，一位是来自永嘉的阿花，冷盘是另一个厨师阿建带一个徒弟，加上他夫妇俩。这样就有了六名员工，八个人的事业。

"阿华和阿花，两个名字非常相似，常常会叫混了。"在柯五一的印象中，阿华是第一个到店里工作的员工，是看到"益香厅"贴出的招工启事后来到店里的。那年她刚满18岁，大约1.58米的个子，皮肤很白，眼睛很大。阿华长得漂亮又很勤劳，白天在店里帮忙，晚上就支张床睡在店里。

后来，柯五一打算去德国学厨，"益香厅"餐馆暂停营业，共同奋斗了一年多的六位员工才不得已离开了，渐渐地就断了联系。"那时候我还承诺，等企业做大了，要一起坐下来好好喝一杯。"

"溢香厅30周年，不仅要感谢阿华，感谢最初的六位员工，还要感谢当时的邻居，以及给过我帮助的所有人。"此次柯五一不仅想找到阿华，也想找到当初为溢香厅的发展给予过支持和帮助的恩人。历经30年的风云变化，他希望把大家聚在一起，共同见证溢香厅30年走过的点滴历程，共同开启溢香厅下一个30年的崭新征程。

"麻烦你们帮我一起发动发动，也希望大家帮我一起找到阿华。阿华以及当初溢香厅的老员工们看到报纸，能主动联系我。我在溢香厅等着你们'回家'！"说到最后，柯五一的眼角泛起了泪光。

那些年、那些事、那些人，对溢香厅来说，都承载着特殊的意义。不忘初心，在柯五一看来，是企业的根基，是做人的根本。

30岁的溢香厅邀你一起叙"家常"

来源：温州商报

2018.8.29

温商网讯（记者邵卢静）"我曾在溢香厅工作了五年，阿一老师对员工非常好""溢香厅的炸鱼骨、荸荠丸，从小吃到大，很难忘的味道"……7月22日本报刊登了《温州草根名厨"阿一"传奇》一文，收到很多读者的留言和来电，有曾在溢香厅工作多年的老员工，有钟情溢香厅美食的老客户，也有被创业历程感动的市民。

从1988年开出第一家仅有30平方米的小店，到现在发展成为温州宴会市场的翘楚，溢香厅酒店管理集团已经走过风雨30年，"溢香厅"也成为许多温州人心中的文化烙印。溢香厅在迎来30周年庆典之际，发起"征集老物件，讲述老故事"活动，面向市民征集与溢香厅有关的老故事、老照片、老物件。

"溢香厅巨溪国际大酒店将在9月底与市民见面，在经营理念、服务模式等方面都有很大的创新，是溢香厅承上启下的里程碑。"溢香厅创始人、董事长柯五一透露，在巨溪店开业当天，将同步启动两大展览活动——喜文化展、年代美食展。他十分希望，曾经在溢香厅工作过的老员工、在溢香厅发展中给予了支持和帮助的恩人、见证过溢香厅一路成长的老客，都能与他联系，共叙"家常"。

柯五一最近常说："溢香厅的发展离不开大家的支持，过去的30年我心怀感恩，未来的30年我想邀请大家共同见证。"

如果你有与溢香厅有关的故事，或者拥有有关的老照片、老物件，都可以与溢香厅30周年庆筹备组联系。如果所提供的故事或物品被采用，溢香厅将赠送500元代金券（各门店通用）、溢香厅周年庆入场券两张。

征集内容

1.与溢香厅有关的故事

如果你是溢香厅的老员工或老顾客，分享你与溢香厅的故事。

2.与溢香厅有关的老照片

溢香厅各时期门店开业时的老照片：开业于1988年的广场路店、开业于1991年的蝉街店、开业于1998年的人民路店、开业于2000年的上江店；各老门店的门头照片；与溢香厅有关的活动照片；在溢香厅老门店设宴时的照片。

3.与溢香厅有关的老物件

在溢香厅下订的底单、在溢香厅办婚宴时的请柬，以及在溢香厅工作时的工作服、胸牌等员工老物件。

若有相关信息，先与本报新闻热线88817110联系沟通。若你所提供的老故事或老物件被采用，将会有专门的工作人员负责故事记录及物品取件等工作，同时溢香厅将赠送500元代金券（各门店通用）、溢香厅周年庆入场券两张。

柯五一、柯巴嫩：30年餐饮，父女两代的最强接力赛

来源：红餐网

作者：红餐编辑组

2018.1.31

模式创新、品类挖掘、大数据应用……在一个个全新命题的背景下，餐饮到底路在何方？餐饮人又该何去何从？

2018年1月30日，2018红餐创业大会首站在浙江温州溢香厅国际宴会中心正式开幕。10多位极具影响的餐饮创业者齐聚一堂，与500多位餐饮精英共同深度剖析餐饮行业的困境与机会，试图为2018年乃至未来的餐饮业找到方向与势能。

在温州本地餐饮界有这样一对父女，68岁的爸爸柯五一先生在1988年开了第一家仅有30平方米的小店，后来成为温州宴会市场的翘楚。2000年开始，27岁的女儿柯巴嫩接手了餐饮家族企业，从此父女联盟，在三十年的餐饮路上父女两代是怎么样完成接力跑的呢？

高建敏：无论是在餐饮业或者说是在传统的一些其他行业，企业发展到一定的阶段都会面临一个传承问题，请问柯总您将溢香厅交给女儿的时候，她具

备了哪些条件和优势。在传承过程中，又碰到了哪些困难跟障碍？

　　柯五一：我是从非常传统的溢香厅开始做起来的，接下来要传承给我女儿，我就做传统的基础，我女儿柯巴嫩来做新时代、新思维的餐饮革命。

　　溢香厅是一个温州传统企业，我们最大的短板一个在法律上，另一个在系统上。餐饮，特别是这几年，各方面的风险很大，有了我的女儿，她都能把这些风险给处理好，不然现在食品安全、环保、消防、个人的劳务纠纷这些东西很多很多我都不擅长。我女儿把溢香厅从传统不规范引上规范化，这是今后餐饮界非常要紧的。

　　第二个是管理，我们家族企业的管理是自己家庭几个人说来说去，开会开半个小时就好了。我女儿接手之后把整个会议系统一步步建立起来，用新思维规范餐饮，我们今后才能真正发展，才能走出去。

　　高建敏：父女两代人之间难免会有分歧，比如管理思维，或者运营理念，请问您是怎么样平衡？

　　柯五一：我的思维、概念和我女儿有一点近，所以我们两个人矛盾不是很大，如果年纪大的人太落后，他跟不上新时代的步子，就很难办。企业目前

所有的管理都是我女儿在做。我就做两个事情，比如某个店开业，我在工程上比较懂一点，还有，我们刚刚开了一个新店当中，我可能派一个研发出品的东西，我会多注意一点。从1960年到现在，我主要做研发，菜怎么做，味道怎么好，所以我现在溢香厅的出品、物流我会多注意，其他整个管理我不管，基本上在餐饮上我们两代传承是比较默契的。

高建敏：请问柯巴嫩女士，您是从中国政法大学毕业的高材生，27岁就接手了溢香厅，从富二代转化为创二代，选择进入陌生传统的餐饮行业，您当时是怎么想的？接手溢香厅后，您又做过哪些大胆的创新跟变革？

柯巴嫩：法律和餐饮两个行业，是非常不一样的。做法律的时候，我们面对更多的是当事人。但在做餐饮行业的时候，我父亲教了我一句话，他说"你要学做一个餐饮人，首先一个你要学会去做一个蹲不蹲，站不站这样的人，不是90度鞠躬这样的人，你是45度鞠躬这样的人"，角色完全不一样。

2007年父亲说："你来试一试餐饮行业"，我那时候是无知无畏的状态，那时是餐饮业最好的时期，我看到了溢香厅中午满晚上满的阶段，但自从加入企业以后，我也见证了很多的餐饮人不易的地方。在刚加入溢香厅的时候，我真的非常不适应，经常会被问到一些关于食材的问题，客户进行投诉的时候我答不出来这是一个什么食材，或者会闹一些乌龙的事情，在这期间支持我的是餐饮人的精神。

父亲是1988年开始创立溢香厅的，当时我们只有30平方米，我小时候，他把我跟弟弟赶出来，说"你们俩出去吧，我要做一个餐厅"，我们当时很不理解，别的小孩都有饭吃，为什么我们经常在餐桌上是被客人驱赶？直到我自己慢慢地步入这个行业，深深地理解他们不易。

所有的溢香厅人都知道我父亲是溢香厅的灵魂，他在1988年创立以后去了德国深造，半年不到的时间又回来，直到2018年，他完成了溢香厅非常光辉的三十年。我接手以来也一直马不停蹄，从人民路溢香厅开始，到溢香厅正茂大酒店，以及我们溢香厅万达店创立品牌，直到今天我们又在不断地调整思路，在原来大型酒楼的基础上往宴会的这条路上走，我也不断调整自己，从原来的不适应、被取笑或者是不知道怎么做，到慢慢调整心态。因为父亲始终教会我们一件事情，他说热爱工作才是我们工作的最关键的一件事情，你首先要干一行爱一行，父亲一直以来引领着我们溢香厅，也见证了我们溢香厅走到今天这样的一个阶段。

高建敏：今天是以"旧思想归零，新餐饮出发"的主题，我想再请问一下柯总，您对温州餐饮市场或者说全国餐饮市场的今天或者未来是怎么看待的？

柯巴嫩：溢香厅在2012年面临了非常大的金融危机，以及八项规定的寒冬，我们能坚持走来其实是在不断地调整自己。我加入以后，溢香厅不断地接触一些新的平台。溢香厅以本地市场为主，就大众消费、中端宴会定位而言，在温州扎根是一点问题都没有，但是我们又做了一些其他的品牌，如2012年做高端的逸华会，引领了温州高端会场的市场。同年，我们也创立了晏虹，比较时尚小资的品牌，我们在做这些品牌调整的同时都在不断地思考和考量。虽然市场在变革，但我们还是决定主打高端宴会市场。

2012年，万达溢香厅已经做了比较大的一个思路调整，把原来酒楼零点和宴会60%：40%的比例，转变为80%做宴会，20%做零点，今天的溢香厅国际宴会中心我们是95%以上做宴会，5%做零点，而且我们零点仅仅是为了宴会做一些调整，所以这个调整我觉得是一个非常重要的战略规划。2018年，溢香厅30华诞期间，我们还要打造一个高端宴会市场。温州高端宴会市场应该作为全国婚庆市场、宴会市场的领跑者。我希望溢香厅能够扎根宴会市场，把我们的品牌做稳。

新零售方面，传统的餐饮必须要结合互联网，我们尝试着去做一些未去尝试过的领域，除了做餐饮的提供者，我们还可以做餐饮的供给者，我们既是买家又是卖家，我希望能够在这些领域给大家带来一个全新的温州餐饮新面貌。

高建敏：请问柯巴嫩女士，年轻人和老一辈怎么样才能更融洽地合作，怎么调整心态？

柯巴嫩：其实一代跟二代交接棒的过程当中是没有这么顺利的。我跟我父亲也是有矛盾的，父亲的性格比较激情、霸道，我自己的性格可能会偏理性多一些。我跟父亲约定好，你董事长说的任何事情我都服从，但是我会提我这方面的建议，听不听抉择在于你这里。另外在这个过程中，我们知道一代当初创业的时候很艰难，但是我们没有体会，没有这样的一个过程就没有办法想象你到底是怎样的。所以在这个过程中，父亲其实跌过的跤，他经常说你不要去跌，但是我们二代不知道。

于我而言，我希望一代企业家更加包容我们，允许我们去试错，我觉得这是非常关键的，虽然你知道前面这条路就是错的，或者说你可以去摔个小跤，但是在限定的范围内允许二代去试错，去摔跤，只有这样二代的企业家才会不断地成长起来，二代企业家在这个过程才能理解跟体谅父亲。

我们经验的积累不一定比一代的企业家要好，他们对于方向的把握，对于市场的经验比我们丰富得多，所以我们更加要在这个平台上练好自己的本领，你首先能够在一块区域先立足，然后再慢慢地把全部做好。我献给二代企业家一句话，有作为才有地位，这个我也是刚刚学会的，我觉得只有你做出来了，一代企业家才会慢慢地放手让你去做很多的事情。

溢香厅国际宴会中心举办世界温州人喜文化系列

研讨论坛

来源：温州新壹周

2016.10.27

10月24日，溢香厅国际宴会中心正式开业，并举办了世界温州人喜文化系列研讨论坛。世界各地对喜文化有一定研究和见解的温州人齐聚一堂，共同交流和探讨喜文化的文化价值。全国婚庆婚介标准化技术委员会秘书长史康宁、上海市婚庆行业协会会长曹仲华等嘉宾出席了本次研讨会。

本次论坛通过参观、对话、体验、讲座等多种形式，深入了解喜文化以及由此衍生的婚庆产业。

溢香厅酒店管理集团董事长柯五一在致辞中表示，这是温州婚庆行业发展的一件大事，也是溢香厅国际宴会中心的一件喜事，本次活动的成功举办，将对温州今后喜文化相关产业快速健康发展产生积极的影响。喜文化是中国文化非常重要的一部分，婚嫁是人生中的一件大事。到了现代社会，因为生活方式的改变，而出现新的婚庆相关需求。温州，是一个浙江乃至全国典型的婚庆高消费地区，婚庆行业的发展潜力巨大，却又面临着转型发展的难题。他希望与会领导嘉宾、专家学者，为今后喜文化发展提出思路，指明方向。

　　据悉，溢香厅国际宴会中心是溢香厅酒店集团2016年重磅打造的全新项目，专业承办婚礼、展示、会议、宴会，总面积达10 000多平方米。有5个主题婚房，东方好莱坞星光大道、一站式婚礼主题馆、一对一英式管家服务等。

文/郑雪

只"味"一场完美的婚礼
——"溢香厅12道香味"圆满落幕

来源：微温州

2017.04.25

2017年4月23日晚六点，由溢香厅酒店管理集团主办，溢香厅国际宴会中心承办的2017年"溢香厅12道香味"婚庆联盟美食大会在溢香厅国际宴会

中心三楼星光厅隆重举办，本次活动主题为"只'味'一场完美的婚礼"。溢香厅酒店管理集团董事长柯五一、溢香厅酒店管理集团执行总裁柯巴嫩、温州市婚庆行业协会会长牟海宾和12家婚庆联盟商家团队出席本次活动。婚庆联盟商家分别为溢香厅国际宴会中心、K视觉、锦阳喜铺、全城热恋钻石商场、唯一视觉全球旅拍、青旅国际丽星邮轮、温州东昌捷豹陆虎、城市之窗家具、洛维思婚纱定制中心、UK喜事定制、庄吉西服、骧汇红酒、雪莉造型、到喜啦、点将台。

当晚，"溢香厅12道香味"携手12家婚庆联盟商家，以12道经典小吃惊艳地拉开帷幕，上百对准新人在现场提前品尝到了溢香厅精心打造的婚宴味道。溢香厅"千禧虾宴"展台受到全场追捧，展台以一艘渔船为造型，充满海洋的味道，满载数十个品种的虾，为准新人带来了视觉和味觉的双重体验。现场弥漫着浓郁的菜香，每一个展位都吸引了众多准新人驻足观看、等待品尝。

活动现场，溢香厅董事长柯五一致辞发言，用"地道传统"来诠释溢香厅菜品的30年坚持，用"时尚潮流"来阐述溢香厅服务的创新引领，用心和品质服务新人和家人。婚庆行业协会会长宾哥则为溢香厅献上"厚度、广度、维度"六字箴言，让来宾认识到了溢香厅婚宴历史的厚度、宴会创新的广度和餐饮文化的维度。溢香厅执行总裁柯巴嫩用一句"唯有爱与美食不可辜负"，将婚礼和美食完美结合，与准新人们产生了心的共鸣。

溢香厅国际宴会中心总厨黄忠谊携特邀嘉宾的登场将活动带入高潮。据悉，溢香厅总厨黄忠谊拥有中国烹饪大师、温州名师名家、全国烹饪大赛金奖、国际搜厨杯烹饪大赛金爵奖等殊荣；特邀嘉宾胡辉誉是《十二道锋味》厨艺指导，拥有中国烹饪大师、法国蓝带美食勋章、法国骑士勋章、年度顶级厨师等称号。两位厨艺大咖现场烹饪，展示了精湛的烧菜艺术，共同烹制《风味香煎银雪鱼》和《养颜蛋奶炖燕窝》两道味道绝美的佳肴，得到了来宾的一直称赞。

溢香厅： 柯五一传

　　12家婚庆联盟商家提供一站式的婚庆服务，用美食和优惠俘获广大准新人的心，婚宴、礼仪、珠宝、喜糖、西服、婚纱、造型、旅行、家具、豪车、视觉、摄影、平台等服务应有尽有，各商家为新人提供了空前的优惠，溢香厅更为新人定制了婚宴10条优惠政策。现场还有抽奖送好礼，液晶电视、苹果7手

机、平板电脑等礼品惊喜不断，当抽奖接近尾声，终于到了揭晓压轴大奖的时刻：价值12 000元的青旅国际丽星邮轮8天7晚日本游，为新人度蜜月献上了最好的礼物。

"溢香厅12道香味"，旨在为准新人筹办一场用心、贴心、省心的婚礼，整合婚庆联盟商家资源，真正为准新人带来实惠，受到了广泛关注和一致好评。

溢香厅要做温州餐饮孵化平台

来源：温州晚报

编辑：杨凡

2018.08.04

人物名片　柯巴嫩，女，1978年9月19日出生，现任温州市新溢香厅大酒店有限公司总裁，温州市民建会员、温州市青联委员、温州市女企业家协会理事、温州市青年企业家协会理事、温州市饭店与餐饮行业协会常务副会长、龙湾新生代执行会长、龙湾食品商会副会长，2016年被授予"最美温州女性"时尚达人荣誉称号。

"溢香厅创立至今，今年正好走过了30个年头。"温州市新溢香厅大酒店有限公司执行总裁柯巴嫩近日接受记者

采访时感慨道，"从最初的一家小店，发展到今天拥有五家豪华酒店，两家时尚小资的晏虹餐厅，以及逸华会、逸小馆、阿洼猪头面等各种不同定位的餐饮品牌，父亲希望把溢香厅办成一家百年品牌企业，我感到肩上的担子更重了。"

1988年，柯巴嫩的父亲柯五一将自己的婚房腾出来改成餐馆，取名益香厅。1994年益香厅搬到市区人民路后改名为溢香厅，生意也越做越红火。2004年，父亲希望柯巴嫩接手家族企业，直接甩给总经理头衔，就催她上任。出于替父母分担的责任心使然，柯巴嫩辞去了从事法律的工作，接手人民路国信大厦的溢香厅大酒店，凭着一股不服输的韧劲，她把家族餐饮业打拼得越来越好。

柯巴嫩说："溢香厅今年年底要举行30周年庆典，届时将邀请曾经在溢香厅工作过的老员工回来团聚，为此还登报寻找创业员工。"父亲非常感恩陪伴他创业成长的员工们，尤其是第一位员工阿华，可消息发出去至今还没有找到人。"柯巴嫩告诉记者。

溢香厅能在温州的餐饮江湖里屹立30年，成为行业翘楚，这或许与柯氏父女经营中有人情味不无关系，这份浓浓的人情味早已经在溢香厅的老员工们心中扎根，他们追随着柯氏父女一起见证溢香厅的发展壮大。

如今，温州餐饮业正面临转型发展新的机遇期，柯巴嫩在市区上江路打造溢香厅国际宴会中心，主打新人体验牌，从西服到喜糖提供一条龙服务，引领时尚婚宴市场风向标。但大型餐饮很难走出温州，市场细分化趋势越来越明显，下一步柯巴嫩将重组高端品牌逸华会，谋划推出小众品牌逸小馆，目标就是要将温州的餐饮品牌推向全国。

柯巴嫩告诉记者，她和父亲那种撸起袖子自己加油干的理念不同，认为溢香厅走过了30年，更大的作用是给温州的餐饮提供一个孵化平台，帮助年轻人做好餐饮，毕竟未来是属于年轻人的市场。因此她希望在溢香厅的品牌基础上尝试拓宽上下游产业链，并考虑在物流、装修、新媒体、人才培训等领域探索新的餐饮行业发展模式，认为未来餐饮业态一定是精准定位下的百花齐放，希望温州的餐饮品牌能走出温州，走向全国，走向世界。

人物专访 | 柯五一：愿意付出的人是快乐的！

来源：温州新壹周

2016.09.14

在约访柯五一的时候，刚好处在他最忙碌的时期，溢香厅国际宴会中心正在紧锣密鼓的筹备装修中。

于是，在一个周末，记者前往溢香厅国际宴会中心的工地上，穿过一片钢筋水泥，迎面走来一个身穿灰衣灰裤的"工人"，如果不是他首先跟我打招呼，我差点没有认出他就是我今日要采访的嘉宾柯五一，堂堂的温州溢香厅酒店管理集团董事长。

这段时间，他基本每天都会来到工地，亲自督工，而且一待往往就是一整天。这个夏天也是异常闷热，还没忙上一阵子，早已经让人汗流浃背。

见到柯五一的时候，他的额头上已经挂满细密的汗珠，汗水也浸透了他的衣裳。我们找一处空地，摆上两张椅子就这样开始了采访。

我的性格就是想干事情

在这个工地上，都感觉不到凉风，耳边一直是机器的轰鸣声，电钻声、电焊声时时充斥耳膜。在这样的环境中，我们几乎是扯着嗓门进行交流，一问一答，都要凝神静听。

柯五一，熟悉他的人，都亲切地叫他"阿一老师"。他今年已经67岁了，但是每次看到他的时候，都让人感到他精神矍铄，特别是听他讲话，你总会被他洪亮的声音吸引住，他一边侃侃而谈，一边打着手势，充满着这个年龄段少有的激情。

"我平时喜欢锻炼，我最喜欢的两项运动，一项是游泳，一项是快走，游泳每次是一个小时，快走也是。"有规律的生活，自然带给他充沛的精力。

"我还喜欢下围棋，每天早上我会约七八个老友下下围棋，调节一下心情。"可能是下围棋的缘故，让他的性格中又体现出那种安静和沉稳。

作为一个董事长，日常需要处理的事务众多，这就需要他有一个强健的体魄和清醒的头脑。虽然，现在有女儿柯巴嫩相助，但是他还是习惯这种忙碌的生活，每次新店开张的时候，他总是忙前忙后、打理一切。

@温州新壹周

"这个跟我所处的时代有关系，我那时正处在一个非常艰苦的时代，而那个时代培养了我吃苦耐劳的品质，所以现在我所做的事情我并不觉得苦。我的性格就是停不下来，想干事情，可能别人眼中的辛苦，对我来说反而是一种享受。"

温州第一场喜酒就是我办的

1988年，柯五一在温州的广场路开了一家名曰"益香厅"（后来改名溢香厅）的小饭店。那时，这家小店总共只有30平方米，店面虽然小了一点，但是因经营有方，生意一直红红火火。

"那一年秋天，温州有一大户人家女儿结婚，就把喜酒办在了我那里。当时我就把邻居家的一楼二楼三楼全都租了下来，连桌子和椅子也是租来的，总共摆了18桌酒席。这可能也是当时温州在酒店里办的第一场婚宴吧。"

这次酒席的操办，一时间让这家小店名闻温州。于是，慕名而来举办婚宴的越来越多。

我对当年的婚宴产生了几分好奇，不禁问道："当时一席婚宴都有哪些菜，一桌花费大概要多少？"

"当时还是以吃饱为主，并没有太多讲究，也是传统的12道菜，一桌是400元吧。"柯五一回想过去，打开了话匣子："不过当时环境很差，哪像现在这么好，可以在这么好的包厢里用餐。"

随着生意越做越大，溢香厅餐饮集团也初具规模。从广场路到中侨大厦，再到

新溢香厅，溢香厅集团一路走来，风雨兼程。我想，只有阿一老师才能真正清楚这个品牌发展到今天，到底经历了多少故事，蕴含了他多少心血？

"那时生意很好，但是人也很累。我要负责采购、烧菜、管理……我爱人负责收账和算账，我们常常忙得连个休息的时间都没有。"

尽管做餐饮很辛苦，但是柯五一乐在其中，看到客人喜欢来他的店里，喜欢吃他烧的菜，他就感到无比的快乐。

女儿的相助，让溢香厅发展得更好

父母的忙碌，让女儿柯巴嫩从小看在眼里，她觉得做餐饮是一件累人的事。最初，她并没有从事餐饮业的想法。

她从中国政法大学毕业，学法律出身的她，先后在温州知名律师事务所和鹿城法院工作，如果按照预定轨迹，她也不会和餐饮业产生交集。

而这个时候父母一手创立起来的溢香厅，面临着发展中的困惑，是继续品牌道路还是转型出租？最终，父亲柯五一决定坚持做好品牌，但是需要女儿的支持和帮助。而这也意味着柯巴嫩要放弃自己所热爱的法律事业，但是为了分担父母的压力，她毅然决定和父亲站在一起。

"巴嫩也是从服务生开始做起，在她做了三五年之后，我就慢慢把这个担子交给她了，她也很争气，把公司做得很好。"

在进入溢香厅之前，餐饮对柯巴嫩来说，就像一张白纸，然而通过自己一步步地摸索，逐渐让这张白纸绘满了光彩。有这么一个优秀的女儿，柯五一一直引以为傲。

"我从来不跟她说什么大道理，我认为言传不如身教，想要让她成为什么样的人，自己首先就要是什么样的人。我的生活是非常简朴的，巴嫩花钱也从来不会大手大脚。"

有一个能吃苦的老爸，又有一个肯吃苦的女儿，父女俩并肩作战，让溢香厅的发展也变得越来越好。

如今，溢香厅酒店管理集团已成为一家从事高端餐饮的大型连锁企业。旗下拥有溢香厅大酒店品牌、晏虹餐厅品牌、阿涅猪头面餐饮连锁品牌和巴巴庄园品牌。

2016年，由集团重磅打造的溢香厅国际宴会中心，将于2016年10月中旬正式开业。

"从在小饭馆操办18桌婚宴开始，到现在投入巨资打造溢香厅国际宴会中心，主打婚庆市场，我们溢香厅在婚礼这一块已经做了很多很多了，将来还会更多。让每一对在溢香厅举办婚礼的新人，感受到浓浓的幸福，这也是我们最好的祝福。"

溢香厅国际宴会中心在打造之初，就已经引人瞩目。10 000多平方米的总面积，150米的婚礼水晶长廊，12米的层高，独特的无柱式设计，以及星空婚礼的完美展现，这一切都让人翘首以待。

金九银十，由温州广电传媒集团主办的"幸福·家"文化推广系列活动，就是由柯五一掌舵的溢香厅国际宴会中心冠名。

为了迎接溢香厅国际宴会中心的盛大开业，柯五一积极参与其中，和女儿柯巴嫩共同策划"百万好礼赠新娘"的活动，在温州餐饮业又刮起了一阵热风。

"溢香厅国际宴会中心会是什么样子呢，它的菜品一定要地道、传统；它的装修一定要时尚、潮流；它的服务一定要细致、周到。不论是像巴嫩那样的年轻一代，还是像我这样的中老年人，我希望他们都会喜欢上这里。"

"我是一个付出型的人，只要我的付出，能够换来别人的快乐，那就是我最大的快乐。"柯五一说道。

文/青仕

对温州人来说，"舌尖上的年味儿"是什么样的？
答案太动人了……

温州晚报

2018.1.12

对于吃货们来说，

过年时候最大的"年味儿"，

莫过于美食所带来的惊喜。

年关将至，

今天，就让小编带着大家，

去探寻专属于温州的，

"舌尖上的年味儿"吧！

"说到"舌尖上的年味儿"，很多人第一个想到的就是"老温州的滋味"，然而，想要在市区里找到老温州的味道其实并不容易。但幸运的是，即使时光荏苒，也总有那么一些老店，依然在坚持着那令人怀念的滋味。

溢香厅就是其中的代表。

溢香厅人民路店

鱼丸水饺是人民路溢香厅开业以来的招牌菜，为了保证鱼肉的口感，这道菜中的每一颗鱼丸，都是从十几斤的东海大鮸鱼身上取材；菜里的水饺也大有乾坤，手工捶制的肉馅，加上切得细而不碎的荸荠，让整颗水饺口感绵而不腻，在肉香的缠绵中，还能感受到一丝清爽。

鱼丸水饺

而在鱼肉"变身"为鱼丸后，大鮸鱼剩下的骨架则被溢香厅的大师傅极富创意地做成了一道香酥的凉菜——炸鮸鱼骨。炸至酥脆的外皮，和软嫩鱼肉形成了鲜明的对比，在胡椒粉的助攻下迅速占领味觉，满足感油然而生。

炸鮸鱼骨

　　物尽其用的美食，是曾经资源匮乏的温州人的智慧。

　　似乎是传承了温州人精益求精的精神，溢香厅的师傅对于美食也有一种极致的追求，做红油鸭掌皮，为了让顾客吃得舒爽，鸭掌的去骨率一定要超过90%；

油鸭掌皮

做牛尾巴，宁愿在难度值五星的剃毛环节自我折磨，也要保留住新鲜牛皮，让味道更佳软糯，帮助顾客补充胶原蛋白；

牛尾巴

就连作为下酒菜而存在的猪油渣，也一定要选用高品质的五花肉，拒绝任何佐料，只为保留住猪肉最甘香的味道和嚼劲。

猪油渣

溢香厅万达店

即使在离市区较远的万达店里，你也总能找到许多属于"老温州"的味道。

一道永强人家最爱的姜酒三鲜让人的思绪回到了童年酒席的餐桌上，新鲜的墨鱼、海蜇花、泥蒜，加上菜油焖炒，不一会儿香味就从锅中溢出，挤满整个房间。

万达店百纳海川，热爱将五湖四海的美食温州本土化，送到温州人的餐桌上。

香芋扣肉就是他们"温州化"的得意作品，拒绝传统模式，他们将福鼎槟榔芋头与扣肉切成薄片，一层层交叉地叠在一

姜酒三鲜

起，让芋头吸收扣肉的油脂，让扣肉润滑芋头的口感。这样出锅的香芋扣肉能够做到入口即化，不干不燥，不油不腻，适合孩子和老人品尝。

香芋扣肉

姜酒油汤圆也是他们的得意之作，当网络上一年一度的"汤圆该吃甜的还是咸的"大论战开始之前，温州人已经开发出了用姜酒吃汤圆的绝技。加上生姜、老酒红糖，出锅的姜酒汤圆软糯可口，油而不腻，表皮上还带着一点点脆，甜味儿和酒味儿一同溢出，美味又滋补。

姜酒油汤圆

溢香厅上江店

在溢香厅上江店里，你还能看到极富有农家特色的"五灶"。

颇有复古意味的农家土灶上，五口铁锅热气腾腾，用最原始的方法烧制最原始的瓯菜。红烧猪肉、原汁目鱼蛋、红焖笋、家烧老南瓜、五谷杂粮，构成了"一肉一海鲜三菜"的绝佳搭配，袅袅炊烟中，满满都是关于外婆的回忆。

五灶

　　有小家碧玉般的农家菜，自然也少不了大家闺秀般的"硬菜"。酥爪焖甲鱼、松茸功夫汤、生地老鸭，都是集合了美味与滋补的佳品，在冬季的时候点上一道，什么寒冬都不怕啦！

松茸功夫汤

酥爪闷甲鱼

生地老鸭

当然，保留传统不代表着故步自封，如何让古老的瓯菜在如今也能绽放光芒，也是厨师们的追求。

"溢香三宝"就是溢香厅引以为傲的文化小吃，纯手工打造的鱼饼和深海活虾制作的虾丸，香味醇厚，新鲜美味。

其中酱油肉更是令人惊艳，溢香厅的酱油肉取材自永嘉枫林镇的本地猪，只选用猪身上的骨边肉，用特制的酱料腌制，成品的酱油肉显得格外香嫩，蒸熟出锅后，肉香四溢，内里柔软，表皮上却带着一丝酥脆的口感，格外与众不同。

溢香三宝

溢香厅国际宴会中心

年味是对于传统的怀念，也是相聚的喜悦。溢香厅国际宴会中心就为人生中重要的各个时刻做好了全方位的准备。

溢香厅国际晏会中心

溢香厅国际宴会中心是为婚礼而生的，10 000多平方米的面积，星空主题的婚宴大厅，150米长的婚礼水晶长廊，还有为有需求的新人们准备的"新房"，满满展现出的都是溢香厅国际宴会中心的用心和专业。

溢香厅： 柯五一传

在这里，你可以拥有一场宛如童话的婚礼。

也可以打破传统，办一场户外婚礼，用创意留下可贵的回忆。

同样，在"吃"上面，溢香厅国际宴会中心提供的也是贵宾级的享受。

香葱老酖蠔是一道自带BGM出场的硬菜，为了能够让肉质更为弹牙，嚼劲更加老道，溢香厅在做这道菜的时候，只选用两年以上的老獭蠓，出锅之后还用温火为菜品保温，让香葱和獭蠓的香味能够融合在一起，飘散在空气中，让人食指大动。

香葱老獭蠓

在这里，你不仅能吃到滋味纯正的瓯菜，也能吃到令人耳目一新的美味粤菜。鸡油花雕帝王蟹便是其中的精品之一，老黄油，八年的花雕，秘制的汤头，加上来自阿拉斯加的帝王蟹，经过一个小时的精心烹制，每一口都是人间难得的享受。

鸡油花雕帝王蟹

而为了能够让顾客第一时间品尝到最新鲜的鱼丸，溢香厅国际宴会中心推出了现做鱼丸的服务。

这是最纯正的温州味道，一滴猪油和一点胡椒粉就是它全部的佐料，剩下的全凭鱼肉本身的滋味来发挥。

现做鱼丸

高品质的享受更在于对于食材的选择和技术的改良上。

做家烧鮸鱼头，为保证鮸鱼头的分量，溢香厅只选择15斤以上的大鮸鱼；

家烧鮸鱼头

做油盐焗波斯龙，只选用两斤及以上的波斯龙，成品外脆里嫩，即使冷却后也依然能够保持外部的酥脆感；

油盐焗波斯龙

就算只是一道滋味萝卜，溢香厅也要从永嘉农民的自种地里寻找食材，将瓯菜的烹饪方法与粤菜的调味方法相结合，成就一道养生补气，滋味鲜美的冬季好菜。

滋味萝卜

晏虹

来到晏虹后，你会发现：原来年味儿也可以很时尚。

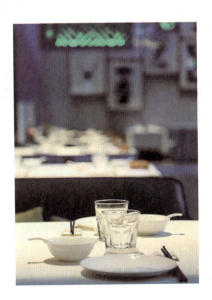

溢香厅：柯五一传

　　走进晏虹，满眼都是年轻靓丽的星空蓝，玻璃落地窗搭配纯白色窗帘，可爱的装饰品布满店内，让人心生愉悦。店内还设置了一个小小的舞台，非常适合年轻人举办party。

晏虹主打"无国界菜"，在汇集川菜、瓯菜的同时，也聚集了来自北美洲、东南亚等地区的菜品。加勒比海鲜桶是店里的主打菜，来自智利的帝王蟹腿、来自泰国的黑虎虾、来自印尼的带膏大鱿鱼、东海的蓝口贝、西班牙的香肠、美国的甜玉米……加上西班牙的卡真酱，"咸鲜辣"齐备，满满的都是异国风情。

加勒比海鲜桶

要吃泰国菜，自然是少不了冬阴功，味美料足，浓浓的汤汁将酸辣香鲜的滋味满满地包裹其中，既有异国的神秘，又格外贴合温州人的口味。

　　咖喱蟹也是晏虹的拿手好菜，菜一上桌，浓厚纯正的咖喱香味就吸引了所有人的注意，品尝一口后，满嘴都是独特的东南亚风味。

　　偷偷告诉你们，吃完这道菜后，摄影小哥就拉着大厨问制作方法，说要回家做给奶奶吃……

咖喱蟹

　　在这样时尚格调的店里，精美的甜品自然是不能少的，手工制作，入口即化的蓝莓酸冻奶，香味浓郁、格外软绵的紫薯冰淇淋，都是能够让人念念不忘的别样滋味，在酒足饭饱后，来一口小甜品，真是爽心爽肺爽歪歪……

从三张桌子，到如今的五家酒店，溢香厅已经走过了三十年的岁月。三十年的光阴，足以让婴儿长大成人，足以让城市沧海桑田，却改变不了溢香厅的匠心。

因为匠心，所以他们一直坚持着最原汁原味的温州鱼丸；因为匠心，所以他们不断开拓创新，让古老的瓯菜绽放新的光芒；因为匠心，所以他们百纳海川，努力钻研，只为将世界美食带到温州人的餐桌上。

年味是什么？年味在哪里？

我想，所谓的年味儿，或许就是匠人们耕耘出的味觉上的触动，它可以是怀旧的，可以是创意的，可以是时尚的，但一定是用心的。

年关将至，你想好要去哪里寻找年味儿了吗？

溢香厅成长史：1988年至2018年

1988年：广场路开出30平方米的小店，名曰"益香厅"

1991年：盘下蝉街中桥大厦1000多平方米的店面

1994年5月1日：买下金煌大楼二楼750平方米的商铺，作为事业发展基地

1998年12月30日：溢香厅大酒店人民店在人民路国信大厦开业

2001年5月28日：买下机场大道5225号（即为现在的新溢香厅大酒店），规模进一步扩大

2007年8月1日：收购万丽大酒店，进行豪华装修，更名为溢香厅正茂大酒店

2008年11月2日：创建溢香厅旗下高端品牌——逸华会

2012年11月30日：**三店同时开业**——新创餐饮品牌晏虹+时尚餐厅

· 溢香厅万达大酒店

· 晏虹+餐厅万达店

· 晏虹+餐厅瓯江店

2015年：创建阿洼猪头面品牌，亲和大众，主打小而精品牌

2016年10月24日：溢香厅国际宴会中心开业（中国首家星空婚礼酒店）

2018年12月18日：溢香厅巨溪国际大酒店开业